STOCK PRICE INFORMATION EFFICIENCY AND
ITS ECONOMIC CONSEQUENCES
Theoretical Discussion and Chinese Experience

股价信息效率
及其引致的经济后果
——理论探讨与中国经验

姬卿伟 李跃 ◎ 著

中国财经出版传媒集团
经济科学出版社
Economic Science Press

图书在版编目（CIP）数据

股价信息效率及其引致的经济后果：理论探讨与中国经验/姬卿伟，李跃著．—北京：经济科学出版社，2019. 11

ISBN 978 - 7 - 5218 - 0975 - 6

Ⅰ. ①股…　Ⅱ. ①姬… ②李…　Ⅲ. ①金融市场 - 研究 - 中国　Ⅳ. ①F832. 5

中国版本图书馆 CIP 数据核字（2019）第 210949 号

责任编辑：崔新艳
责任校对：蒋子明
责任印制：李　鹏

股价信息效率及其引致的经济后果
——理论探讨与中国经验
姬卿伟　李　跃　著
经济科学出版社出版、发行　新华书店经销
社址：北京市海淀区阜成路甲 28 号　邮编：100142
经管中心电话：010 - 88191335　发行部电话：010 - 88191522
网址：www. esp. com. cn
电子邮箱：espcxy@ 126. com
天猫网店：经济科学出版社旗舰店
网址：http：//jjkxcbs. tmall. com
北京季蜂印刷有限公司印装
710 × 1000　16 开　9. 75 印张　160000 字
2019 年 11 月第 1 版　2019 年 11 月第 1 次印刷
ISBN 978 - 7 - 5218 - 0975 - 6　定价：46. 00 元
（图书出现印装问题，本社负责调换。电话：010 - 88191510）
（版权所有　侵权必究　打击盗版　举报热线：010 - 88191661
QQ：2242791300　营销中心电话：010 - 88191537
电子邮箱：dbts@ esp. com. cn）

序言

股票市场有何经济影响，以及如何发挥其服务经济社会发展的功能，一直是国内外研究者和政策制定者共同关注的话题。2017 年 7 月，习近平总书记在全国金融工作会议中指出，"金融要回归本源，服从服务于经济社会发展"。然而，上市公司股价与其基本面背离，信息摩擦造成的资源错配问题已不容忽视。从经济转轨的动态视角看，转轨初期，股票市场建立的初衷是服务于国企改革，但经济转轨中后期，经济发展对股票市场的需求开始向其信息功能倾斜，而股价反映和传递信息的低效率，使股票市场无法跟进其服务功能。

股票市场服务功能优化首先应认清股票市场的经济影响。股价信息效率通过影响上市公司管理者的决策而产生"经济后果"，是股票市场经济影响的重要微观基础。因此，本书从该视角分析股票市场的经济影响，以及决定现阶段股票市场经济影响的场内外因素，并提出相应的政策建议。

本书共分为 6 章，主要对以下问题进行了讨论：（1）股价信息效率与其经济后果的内涵；（2）股价信息效率视角下股票市场的经济影响机理；（3）股票市场"最优经济影响"的理论探讨；（4）基于股价信息效率的经济后果检验，分析股票市场的经济影响；（5）决定股票市场经济影响的场内外因素；（6）相关政策建议。

本书在研究过程中，采用理论阐述与数理模型相结合、理论分析与经验研究相结合、实证研究与规范研究相结合等多种方法，使得研究结论建立在可信的分析基础上。

本书主要工作与结论如下。

一是梳理了股价信息效率及其经济后果的相关文献。将股价信息效率分为股价启示效率（RPE，股价反馈信息有多少被企业接收）和股价预期效率（FPE，股价多大程度上反映企业未来价值），分析了两种信息效率在特定水平下表现出的经济后果。即当股价启示效率有效时，股价汇总并反馈信息后被企业接收，反馈效应显现；当股价预期效率非有效时，股价脱离基本面运行，错误定价的影响显现。进一步，从该角度分析了股票市场的经济影响机理。同时，为避免微观视角下对股票市场经济影响判断的狭隘性，从宏观的、动态的、多理论融合的视角对股票市场的"最优经济影响"进行理论探讨，阐述信息高效率市场服务经济发展的理论逻辑。

二是基于股价信息效率的经济后果检验，分析现阶段股票市场的经济影响。检验结果表明，信息低效率市场不但较少地传递有价值信息，而且因"反馈信息的误导性"和"错误定价引发的过度投资"，导致企业投资非效率。企业全要素生产率（TFP）、决策者意愿与代理成本等方面的检验结果表明，市场信息低效率水平下，决策者改善基本面的意愿逐渐受到"侵蚀"。考虑到股价信息只是决策投入的一小部分，即使被企业接收，对企业绩效的影响也有限，相关维度较难捕捉到反馈效应，故从企业研发行为视角对其进行再检验。分析发现，股价信息含量提升能够促进企业研发强度，产生"激励效应"，这是反馈效应存在的证据。

三是实证分析了决定股票市场经济影响的场内外因素。当前，股票市场经济影响的决定性因素在于市场信息效率水平。故场内因素方面，重点分析了交易者行为与市场信息低效率关系。实证结果表明，现阶段市场处于投机者绝对强势状态，表现出噪音对知情人特质信息注入的绝对压制，说明投机主义势力过强是市场信息低效率的重要原因。场外因素方面，考虑到企业信息接收意愿（能力）会影响投资者搜集信息的积极性，进而影响市场信息效率，而资本调整成本较大会降低企业接收信息意愿，因此应重点检验资本调整成本对反馈效应的影响。结果表明，资本调整成本削弱了反馈效应。综上，场内外因素共同决定了现阶段股票市场的经济影响，尤其是与企业信息接收意愿（能力）相关的场外因素应受到重视。

四是基于研究结论提出相应的政策建议。未来市场信息高效率是股票市场发挥服务功能的前提，而"股东本位"的制度供给理念转变、强化市场参与者的信息意识是提升信息效率的关键。同时，应当采取场内场外多种措施共同提升市场信息效率。

本书的创新点是：以股价信息效率经济后果视角检验了股票市场的经济影响，通过多维度检验结果的相互印证确保结论可靠性；将企业接收信息意愿（能力）纳入分析范围，探索决定现阶段股票市场信息效率及其经济影响的场内外因素，提出相应的政策建议，以使投资者与上市公司之间借助股价形成信息互动。

目录

CONTENTS

第 1 章

导　论

1.1　选题说明

1.1.1　研究背景

资本市场作为资金这一重要生产要素的配置市场，同时作为公共信息池，其对实体经济的影响（功能）越来越受到关注。2017 年 7 月，习近平总书记在全国金融工作会议上强调，金融要回归本源，服从服务于经济社会发展；把为实体经济服务作为出发点和落脚点，全面提升服务效率和水平，把更多金融资源配置到经济社会发展的重点领域和薄弱环节，更好满足人民群众和实体经济多样化的金融需求。党的十九大报告提出建设现代化经济体系是我国发展的战略目标，而建设现代化经济体系的着力点在于完善社会主义市场经济体制以发展实体经济，这就需要深化金融体制改革，增强金融服务实体经济的能力，提高直接融资比重，促进多层次资本市场健康发展。

中国股票市场成立的初衷是服务于国有企业（简称"国企"）改革。在计划经济体制向市场经济体制转型的过程中，由于政策性亏损①，加之管理

---

① 林毅夫 . 国有股上市流通［J］. 财经界，2000（8）：9.

机制等原因，国有企业效益下滑。为扭转这一局面，建立现代企业制度、增强自生能力成为国有企业改革的核心方向。在此过程中，很多国有企业改造成国有控股企业，通过资本市场发行股票融资，经营状况开始好转，盈利水平逐步提升。上海证券交易所和深圳证券交易所成立后的十年间，我国证券市场规模日益壮大，在国民经济中的地位日益显著，为中国经济转轨做出了重大贡献。

股票市场自 20 世纪 90 年代初建立以来，规模迅速发展。Wind 数据库中数据表明，截至 2017 年底，中国上市公司总数达到 3485 家，其中 A 股总数为 3467 家；总市值达到 631832.6 亿元，其中 A 股流通市值达到 447363.9 亿元。从流动性相关指标看，股权分置改革后，市场流动性逐年增加。然而，随着经济转轨进入中后期，股票市场信息低效率使得其功能逐渐与经济社会发展需求脱节，弊端开始显现。

一是股票价格脱离基本面运行，市场暴涨暴跌现象频发。2015 年 6 月上证综指达到 5178 点新高后连续发生三次股灾，大量股票价格跌幅巨大。2017 年 3～7 月间上证综指、创业板指数连续阴跌，大部分创业板股票价格甚至超过股灾期间的跌幅。2016 年初经历多次熔断，更是出现"千股跌停"的奇观。另外，市场也存在游资轮番"抬轿"、部分股票价格连续暴涨的情况。这种暴涨暴跌现象说明市场信息效率处于较低水平。股票市场成为投机者眼中"赚快钱"的地方，资金"脱实向虚"风险一直存在。市场大幅波动会造成风险蔓延，加剧系统性风险。党的十九大报告提出打好化解重大金融风险攻坚战，重点是防范金融风险。

二是信息摩擦造成较严重的资源错配。大卫等（David et al.，2016）研究发现中国股票市场信息不完全导致的资源错配造成的 TFP 损失高达 10%～14%。资源错配不仅造成中小股东利益受损，也使银行等债权方蒙受巨大损失，其投资功能丧失。

三是信息低效率市场环境中，投资者倾向于进行投机交易，对公司的外部监督意识、自身权益的保护意识薄弱。同时，上市公司对股价信息的重视程度不够，进一步削弱投资者搜集信息的动力，使股票市场信息效率陷入不断恶化的"死循环"，难以摆脱现有的"低效率"困境。股票市场外部监控、信息传递等高级功能较弱，造成诸多负向经济影响。

综上，市场信息效率问题成为防范金融风险、提升股票市场服务经济发展能力亟待解决的难点①。提升股票市场服务功能，首先应认清其经济影响。而股价信息效率及其引致的经济后果是其重要微观基础。因此，本书从该视角分析股票市场的经济影响以及决定这种"经济影响"的场内外因素。通过对相关问题展开深入研究，提出相应的政策建议。

1.1.2 研究意义

从世界范围看，股票市场作为信用制度的产物，其产生和发展与社会化大生产密不可分。从经济社会发展史来看，股票市场与实体经济之间存在相互影响、协同发展的关系。马克思详细地论述了虚拟经济与实体经济之间的关系，之后产生的各种经济学理论，也都从不同角度阐述了股票市场对现代经济的影响和作用。在现代经济生活中，股票市场不仅是企业筹集资金的场所，还有助于优化公司的治理结构，同时也能通过信息传递影响实体经济的资源配置效率。

与发达国家相比，中国股票市场并非自然形成的。战争等历史因素使得中国近代信用制度被摧毁殆尽。经济转轨初期，股票市场建立的初衷是服务于国企改革，主要为国有企业融资，并帮助其引入现代企业制度。虽然支撑了经济转轨，但股票市场沦为"政策市"，市场信息效率水平较低。随着经济转轨进入中后期，经济增长驱动不再是技术快速追赶阶段的"粗放式投资"，经济发展对资本市场的要求不再只局限于"融资"。因此，现阶段认清股票市场的经济影响，才能纠正其"功能偏位"，以更好地服务于经济社会发展。本研究具有的理论与实际意义如下。

第一，研究信息效率问题，本身是研究"信息"在不同市场中的传导以及在资源配置中的作用机制，对优化市场效率等相关制度设计有重要意义。信息本身是以多重形式存在的，并与物质、能源一起构成了现实世界。信息不完全作为一种"市场失灵要素"，会导致各种资源不能按照边际产出均等的原则在企业间进行配置，进而使资源无法从生产率较低的部门流向生产率更高的部门，资源错配就会发生。同时，知识是从信息中提取而来的。因此，信息对创新、社会学习能力都有重要作用。信息、知识、智力日益成为社会发展的决定性力量。制度供给不仅要以改善市场效率为目的，

---

① 股票市场的服务功能本身是其经济影响的一种表现形式。股票市场的经济影响可能包括正向影响、负向影响和无影响三种状态。只有股票市场的经济影响为正向时，才能称之为服务功能。

更应有助于行为主体创新能力的提升。这就需要政府制度供给时重视信息作为资源配置决策和知识投入变量所起到的作用。

第二，本书将为进一步促进股票市场发展提供理论支持。现阶段，提升股票市场信息效率是股票市场发展的重要任务之一。本书围绕股价信息效率及其经济后果相关问题展开研究，从微观角度理论阐述和实证研究了与股价信息效率相关的因素，包括制度、交易者行为、上市公司等多方面，并提出相应的政策建议，从而为股票市场信息效率提升提供理论支撑。

第三，本书不仅涉及股票市场内部，还涉及实体经济领域。因此，本书可以为一般市场经济问题研究提供有益经验。首先，从信息效率角度看，股票市场充分发挥服务功能，绝不是独立性的股票市场内部制度改革，而是与其所涉及的各领域密切相关的。因为，股票市场信息源自实体经济，并反馈给实体经济。市场信息效率的优化，也应对实体经济领域做出相应的调整。其次，分析股票市场信息效率及其经济影响，可以为其他领域提供借鉴。比如，一般市场中的信息对行为主体行为的影响机制与股价信息是类似的。如今，一般市场中的信息不完全造成的资源错配不容忽视，本书能够为相关制度设计提供借鉴。

第四，本书丰富了现有的发展经济学内容。股票市场本身是一种制度安排，其目的是服务于经济发展。本书探讨了转轨期股票市场与经济发展的协同演进关系，并从动态视角审视了经济发展要求变化决定的股票市场功能渐变轨迹。这有利于为政府准确定位股票市场功能并跟进相应的制度安排提供理论借鉴。目前来看，相对于经济高速增长，股票市场似乎陷入"后发劣势"，其功能与经济发展需求发生了脱节，导致其服务功能逐渐模糊，带来诸多负向经济影响，因而寻求其优化路径成为关键。因此，本书是对发展经济学相关领域的补充。

1.2　研究起点

发达国家资本市场是一个自发形成的过程，美国本土自独立战争后就没有受到过战争侵扰，因此具有发达的资本市场。所以，大部分股票市场效率前沿性的研究都是基于美国发达的资本市场。比如有效市场理论代表人物法玛（Fama）在 20 世纪 70 年代就提出资本市场的核心功能是为实体经济提供精准信号以合理地配置资源。中国股票市场并非自发形成的。20世纪 90 年代初沪深两大交易所成立，经济证券化率不断提高，上市公司数量迅速增加。但在经济转轨特殊背景下，股票市场信息效率低下。默克（Morck，2000）统计了 40 个经济体股票市场信息效率，发现中国股票排名倒数第二，仅次于东欧转轨国家波兰。

而国内关于股票市场的经济影响研究，不乏一些"跟风"之作，得出与国外文献类似的结论，如股市财富效应。现实情况是，市场信息低效率的负向经济影响值得关注。韩立岩和蔡红艳（2002）通过实证研究发现，中国股票市场会导致银行经营恶化与资本配置效率下降。刘克崮（2013）认为中国资本市场与实体经济不匹配，"重融资、轻投资"将严重损害市场健康。

另外，与股价信息效率经济后果相关的研究逐渐增多。顾乃康和陈辉（2010）研究发现，股价信息含量变化没有影响到股价—投资敏感度，反馈效应不明显。于丽峰等（2014）以托宾 Q 和股价信息含量的交互项对企业投资率进行回归，结果发现反馈效应存在，并显著促进了企业投资。在市场信息低效率环境下，股价脱离基本面，错误定价造成的经济后果也尤为明显。朱茶芬等（2010）认为，A 股市场波动幅度较大，控股股东更倾向于凭借自身信息优势择机套现。然而，部分学者对错误定价的影响存在争议，一方支持"过度投资假说"，另外一方则支持"融资约束放松"。陆蓉等（2017）的研究认为错误定价通过对产业结构产生影响，进而影响实体经济。

关于股价信息效率的影响因素分析，国内研究更多地关注特质信息注入对股价信息效率的影响。企业外部信息源方面，朱红军等（2007）实证分析了证券分析师对股价信息含量的影响，认为证券分析师具有较强的信息搜寻能力，进而能够提高股价信息含量，使其包含更多公司基本面的信息。姜超（2013）认为证券分析师能够增加 A 股股价中公司特质信息含量，促进资本市场效率。王艳艳等（2014）研究发现，非财务信息披露能够提高企业股价信息含量。

综上，国内现有股价信息效率视角下的股票市场的经济影响研究尚无定论。部分实证研究采用国外模型方法分析中国经济问题，结论有待商榷。例如，美国企业处于技术前沿边界的附近，面临的不确定性主要是对市场未来前景的不确知，因此倾向于"保守投资"或"投资不足"。中国企业处于技术追赶阶段，对前景一致看好，加之预算软约束等，倾向于"激进式投资"。如果反馈效应存在，也就是说股价具有启示性，那么企业可以通过"学习"降低其所面临的不确定性，美国企业会增加投资，而中国企业必然收缩投资。因此，国外研究方法不一定适用于中国实际问题分析，对股市的经济影响进行再检验显得十分必要和有意义。另外，关于股价信息效率影响因素研究方面，国内研究较少关注场外因素产生的可能性影响，同时忽视了股票市场噪音较大在一定程度上会冲销特质信息的事实。

1.3 主要内容和研究思路

本书基于股价信息效率的经济后果分析，探索股票市场的经济影响与其决定因素，进而提出相应的政策建议，以期提高其服务经济社会发展的能力。本书研究思路是，首先认清股价信息效率及其经济后果，进而从该角度检验股票市场的经济影响。其次，分析决定股票市场经济影响的场内外因素。最后，进一步提出相应的政策建议。故本书研究过程是由表及里、由浅入深的发现问题、分析问题、解决问题的过程。某些浅层次、争议较小的问题主要采用历史唯物辩证法等方法进行理论探讨和分析，对于深层次的、争议较大的领域则展开详细的实证分析。

本书主要内容包括：（1）基于股价信息效率的经济后果视角，分析股票市场的经济影响机理；（2）理论探讨股票市场的"最优经济影响"问题；（3）在分析股票市场现状的同时，结合经济转轨的历史背景，追溯股票市场信息效率问题的起源，探讨市场信息低效率的制度成因；（4）基于股价信息效率的经济后果检验，分析股票市场的经济影响，重点从反馈效应和错误定价的影响这两个视角进行检验；（5）实证分析决定股票市场经济影响的场内外因素，重点针对场内交易者行为和场外企业的资本调整成本问题展开深入分析；（6）针对研究结论和启示，提出相应的政策建议。

本书思路框架如图 1-1 所示。

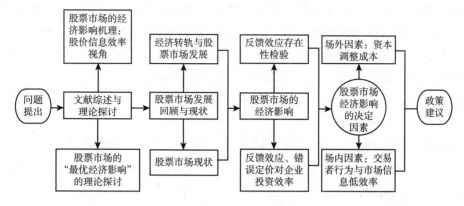

图1-1　本书思路框架

1.4　研究方法

本书在研究方法上主要具有以下特点。

（1）理论阐述与数理模型相结合。本书充分运用马克思主义经济学、现代经济学理论和方法对中国股票市场经济影响进行理论分析，以期寻求股票市场融入经济社会发展的途径和规律。正如斯皮尔格（Spiegel，1999）所指出的，数学工具被广泛应用于现代经济分析以后，数学就渗透到了经济学分析的各个领域，造成了现代经济学与传统经济学之间的断裂。过去，经济学家们的观点很容易被公众和政策制定者接受和学习，但现在没有才气的门外汉是不可能看懂经济学的，只有一部分特殊的专家才可以看懂其中的大部分，它已经被数学工具"武装"成像自然学科一样的学科①。理论阐述能够更具说服力地去描述问题，而数学的应用又能够使对某些问题的描述变得更具有逻辑性、简便性和严密性。因此，本书在理论阐述的同时，也对某些重要问题进行数理模型推演，以此方法来说明某些问题，使结论简单明晰。

（2）理论分析与经验研究相结合。任何一项研究都离不开数据，从数据中提取能够支持理论分析的信息和证据是保证研究准确性和科学性的重

---

① 亨利·威廉·斯皮格尔. 经济思想的成长［M］. 晏智杰等译. 北京：中国社会科学出版社，1999：4.

要手段。同时，只有从数据中获知一些未发现的信息，才能进一步扩展理论分析的深度，两者相辅相成。因此，本书在对股票市场发展及其服务实体经济的作用进行理论分析的同时，搜集大量数据，并运用统计软件，对理论结论进行实证检验，以提高结论的可信度和说服力。

（3）实证研究与规范研究相结合。长期以来，实证研究与规范研究被广泛运用于经济学研究。本书交替使用这两种方法，在对股票市场经济影响相关研究过程中，尽可能地运用实证研究对争议性较大的问题进行实证检验，以更加准确地确定现阶段股票市场的经济影响及其场内外决定因素。但本书也对股票市场"最优经济影响"进行理论探讨，以规范分析方法分析股票市场的经济影响，进而提出有利于股票市场服务功能优化的政策建议。

1.5　研究难点及主要创新

本书旨在基于股价信息效率经济后果分析，研究股票市场的经济影响问题。然而，股票市场影响实体经济的渠道是多样的。股价信息效率的经济后果也会根据企业情况不同而变化，股价信息效率更是受政治、制度、文化、投资者认知等多方面非经济因素影响。因此，分析股票市场的经济影响及其决定因素，其本身就是一个庞大的研究工程，涉及的领域非常多。因此，本书在研究过程中结合数据的可获得性，对研究内容进行了某些取舍，"化繁为简"，对关键的、可研究的领域展开深入研究。写作过程中尽量多从实际问题出发寻求更多的创新，并保证基本框架的完整性。另外，由于受研究方法的限制，某些研究可能只是分析了其表面问题，没有深入探究（如资本调整成本的准确测度等），限制了相关问题的深入分析。本书重点研究股价信息效率相关问题，对于股票市场影响实体经济的其他渠道，以及一般市场的信息问题，有待以后深入探讨。

本书所做的主要工作包括以下几方面。

一是回顾了股价信息效率的相关文献，将股价信息效率分为股价启示效率（RPE，股价反馈信息有多少被企业接收）和股价预期效率（FPE，股价多大程度上反映企业未来价值）；进而将研究视角由股价信息汇总能力延伸至股价的信息反馈能力，分析两种信息效率（RPE 和 FPE）在特定状态下所表现出的经济后果。即在 RPE 有效情况下，股价汇总并反馈信息后，能够被企业接收，产生反馈效应；而在 FPE 非有效时，股价脱离基本面运行，错误定价的影响显现。

二是基于股价信息效率的经济效果的检验，对股票市场的经济影响进行分析，主要检验反馈效应与错误定价的影响。检验结果表明，信息低效率市场不但较少地传递有价值信息，而且因"反馈信息的误导性"和"错误定价引发的过度投资"，导致企业投资非效率；在现有信息效率水平下，决策者改善基本面的意愿正逐渐受到"侵蚀"。以上结论说明，无论是 RPE 还是 FPE 都处于较低水平。考虑到企业绩效受多方决策投入变量影响，而股价反馈信息只是作为决策投入的一小部分，从相关维度很难捕捉到能证明反馈效应存在的证据。故本书以"企业研发"这一具体的、微观的事件为例，对反馈效应存在性进行再检验。结果表明，股价信息效率提升对制造业企业研发行为具有显著的激励效应，技术密集型企业最为明显。这表明即使在股价启示效率水平较低的情况下，依旧存在反馈效应。

三是分析决定股票市场经济影响的场内外因素。场内因素方面，重点分析交易者行为与市场信息低效率之间的关系。主要基于以下考虑：在市场信息低效率环境中，知情人与投机者之间存在信息制衡关系，即噪音过大可能冲销特质信息，使特质信息成功注入股价的"变数"增加。故通过实证检验知情人—投机者（噪音交易者）信息制衡关系存在性和制衡态势，分析市场信息低效率成因。实证结果表明，现阶段市场处于投机者绝对强势状态，表现出噪音对知情人特质信息注入的"绝对压制"。这说明投机主义势力过强是市场信息低效率的重要原因。场外因素方面，考虑到资本调整成本较大会阻碍企业股价信息接收意愿，进而阻碍反馈效应，因此应重点关注检验资本调整成本对反馈效应的阻碍作用。实证结果表明，资本调整成本与企业投资—股价信息敏感度呈反比。这说明资本调整成本削弱了反馈效应。

四是基于研究结论提出相应的政策建议。未来市场信息高效率是股票市场发挥服务功能的前提，而"企业本位"向"股东本位"的制度供给理念转变、强化市场参与者的信息意识是提升信息效率的关键。同时，应采取场内场外多种措施协同提升市场信息效率。

本书的创新点是：以股价信息效率经济后果视角检验股票市场的经济影响，通过多维度检验结果的相互印证确保结论的可靠性；将企业接收信息意愿（能力）纳入分析范围，探索决定现阶段股票市场信息效率及其经济影响的场内外因素，提出相应的政策建议，以使投资者与上市公司之间借助股价形成信息互动。

1.6　结构安排

全书共分为 6 章。

第 1 章为导论，对本书的选题、主要内容、研究思路与方法及本书结构安排等作简要说明。

第 2 章为文献综述与理论探讨。主要对股价信息效率及其经济后果的相关文献进行梳理，进而总结股票市场的经济影响机理。同时，考虑微观视角下对股票市场经济影响判断可能存在狭隘性，故以宏观、动态、多理论融合的视角对股票市场"最优经济影响"进行理论探讨，分析转轨期中国股票市场功能渐变轨迹。研究认为经济转轨中后期，信息高效率股票市场对构建"学习型社会"、合理配置资源、改善生产关系等方面的作用应受到重视。

第 3 章为股票市场发展回顾与现状。主要结合中国经济转轨背景，探讨股票市场信息效率问题的起源，并对股票市场发展现状进行简要介绍。

第 4 章为股票市场的经济影响：基于股价信息效率经济后果的检验。第一节是对反馈效应、错误定价对企业投资效率的影响进行检验，同时对企业 TFP、决策者意愿以及代理成本等维度的市场影响进行深入检验。第二节是从企业研发视角对反馈效应存在性进行再检验。

第 5 章为决定股票市场经济影响的场内外因素分析。场内因素方面，从中国股市的实际出发，重点从交易者行为视角分析市场信息低效率成因，主要是检验知情人与投机者之间是否存在制衡关系，以及现有的制衡态势。场外因素方面，检验资本调整成本对股价信息反馈效应的影响，从而将股票市场信息效率影响因素研究由场内因素拓展至场外因素。

第 6 章为研究结论、启示与政策建议。

第 2 章

文献综述与理论探讨

2.1　文献综述：股价信息效率与其经济后果

　　传统股票市场相关研究认为，二级市场上的股票交易主要发生在投资者之间，企业没有直接参与，资金也没有流入企业，因此二级市场对实体经济不会产生影响。这种观点导致二级市场服务（支撑）实体经济的作用变得模糊。换言之，包括债券二级市场在内的金融衍生市场对于实体经济发展都是次要的。现实情况是，发达国家不惜将大量资源投入到股票二级市场的运行与发展中，这种行为与传统研究的观点——"二级市场对实体经济的作用微不足道"背道而驰。现实生活中，二级市场表现同样受到各界高度关注。大部分上市公司管理层通常十分重视公司股价的表现情况。电视台、报纸等各类媒体也频繁报道股票市场实时情况。因此，传统经济模型中将股票价格作为只是反映人们预期和未来现金流信息的外生变量，而对企业没有实质影响的前提假设已经变得牵强。

　　随着股票市场发展，国内外研究者逐渐意识到股价单纯作为投资者未来预期的观点是不恰当的，应该重视股票市场对经济产生的影响。相关研究都是建立在同一理论基础上，即虽然二级市场对企业没有直接的资源配置作用，但股价能够通过多渠道影响管理者投资决策，产生"经济后果"，从而对实体经济产生影响。"经济后果"一词首先出现在斯蒂芬·泽夫

(Stephen A. Zeff) 1978 年的论文《"经济后果"的产生》(*The Rise of "Economic Consequences"*) 中，用以描述会计报告对企业管理者、政府和债权人决策的影响，后来被广泛应用于会计和金融资本市场等相关研究之中。

例如，宋京津（2011）研究了经济后果观视角下上市公司内部信息披露问题，指出经济后果是信息和信息披露的固有属性，可分为正经济后果与负经济后果两种。其中，正经济后果是指在内部控制信息如实反映内部控制机制设计与运行效果的基础上，充分考虑利益相关者的信息需求，有利于投资者的决策。不恰当的内部控制信息披露会导致负经济后果，常见情形就是不披露、选择性披露与虚假披露。叶康涛和曾雪云（2011）研究内部资本市场的经济后果时将经济后果区分为两类，即价值创造效应和财富转移效应。陈艳利等（2014）运用中国资本市场的经验数据验证了资源配置效率视角下企业集团内部交易的经济后果，这里的经济后果主要为"经济影响"。

袁知柱和鞠晓峰（2009）首先分析了中国股价信息含量的经济后果，他们总结发现有关估价信息含量的经济后果的文献主要集中于研究股价信息含量对实体资源配置效率的影响，这方面的研究开始于股票价格影响投资行为的路径分析。本书中的经济后果是指股价信息效率对相关决策者的影响及其结果。

越来越多研究学者开始重视股价信息效率及其经济后果问题，基于该思路，本节对股价信息效率及其经济后果相关理论和文献进行回顾，并从该角度分析股票市场的经济影响机理。

2.1.1　股价信息效率的内涵

2.1.1.1　市场中的信息与其作用

1. 信息的认识

关于信息，英国科学哲学家波普尔（Popper）在其"三个世界"理论中给予了清晰的介绍①。波普尔在理论中将信息分为三大类。第一类是客观的、实实在在存在于物理世界中的信息。比如我们每天能看到太阳东边起、

---

① 卡尔·波普尔（Karl Popper）. 无尽的探索：卡尔·波普尔自传［M］. 邱仁宗译. 南京：江苏人民出版社，2000：78.

西边落，这是一种规律性的信息。它能够反映事物变化的规律以及方式。第二类是存在于人的主观精神世界之中的信息。这种信息除了被行为主体自身了解以外，其他人是观察不到的，所以该信息被称为"主体论"或"认识论"意义上的、隐蔽性的信息。它反映的是行为主体所感受的事物变化的规律以及方式，处于一种"意识"或"思维"的状态。第三类是第二类信息由隐蔽性信息转化而来的显性信息，是客观存在的、与第一类信息一样存在于物理世界的信息。它反映行为主体所表达的事物变化的规律以及方式，用文字、影视、数据、语言、图像等各种载体来表示，组成了一个自主的、实实在在的"信息世界"。

可以看出，信息既不是物质，也不是能量，信息就是信息。信息、物质、能量一起组成了现实的世界。信息并非只是依附于一般市场产品或其他物质而存在，还可通过人的意会行为而被接收。总之，信息是客观存在的。

关于市场中的信息及作用，哈耶克（Hayek，1945）在"哈耶克假说"中首先以信息范式解释资源配置问题，将信息引入到经济分析问题中来。他认为市场中的信息与其说是市场机制对资源配置的作用，不如说是人们利用自身知识去进行资源配置的活动。从这个角度看，经济的任务并非是实现资源有效配置，而是在所有社会成员不知道全部知识总体的情况下，如何利用知识的问题。对于经济政策或者经济体系的评价标准，是看其是否有利于充分地利用零散分布知识。如果存在一个有权力的中央政府，能够收集社会各种零散知识并作为其经济决策的投入变量和依据，那么同样也能够实现有效资源配置。然而现实情况是，权力机构很难去搜集某些意会型知识，因为它本身是处于不断变化和更新的状态之中，这类知识很难转化成"统计数据"这种波普尔所说的"第三类"信息呈报给权力机构。从计划经济的实验结果来看，权力机构很难完成对社会零散知识的搜集。所以，人们普遍接受了"市场"这只"看不见的手"。在竞争性市场中，非人为操纵的、具有弹性的价格能够激励人们使用私人信息和知识，调动了社会知识的利用率，因而更有利于社会有限资源的配置。

在这里，知识和信息是两个容易引起混淆的概念，这两个概念既相互联系，又有所区别。赞皮亚（Zappia，1996）认为哈耶克所说的知识是指思维方式、个人技能以及对市场机会的敏感性。可以看出，哈耶克的知识其实就是波普尔所说的第二类知识，即意会型知识。这种知识不能简单地通过观察而获取，而是需要人们对"第一类"和"第三类"信息进行处理和转化，继而转变成知识。

2. 信息的重要来源：价格

价格无疑是信息最为重要的来源。价格能够传递有关资源稀缺性和机会成本等方面的信息。正如哈耶克假说中所述，人们认为没有比商品价格更可靠的信息，才会选择根据价格信息调整自身行为。同时，哈耶克（1945）认为，股票价格是市场中投资者信息的汇总，并最终精确地反映企业价值，是企业决策的重要信息参考。鲍莫尔和科万特（Baumol & Quandt，1965）认为决策主体（企业管理者、投资者、顾客、监管者以及雇主等）可以通过股票价格反馈的信息来调整决策，从而影响企业现金流和未来价值。

3. 股票价格与商品价格的差异

很显然，价格在不同市场的形成机制不同，对资源配置与经济增长的影响程度以及影响方式也不一样，尤其是股票价格与一般商品价格存在明显差异。根据华民（2001）的观点①，这两种价格的主要区别在于：

第一，一般商品的价格基础是产品的效用，市场竞争会产生一种均衡价格。股票价格反映的不是客观成本，而是参与者对未来预期收入的估价。这种预期与公司基本面变化情况有关，同时也受到企业未来价值相关信息的影响。

第二，价格中包含的信息不同。一般商品的价格主要是由厂商根据自身生产成本、对市场行情的判断，以及从商品生产到商品销售过程中所发生的交易成本共同决定的。因此，商品价格主要由卖方单向决定。而股票价格是双向定价机制，股票买卖双方均会对股票价格产生直接影响。这决定了股票价格中信息的公共属性。

第三，价格在资源配置过程中的作用不同。商品价格直接引导资源配置，比如某些地方物价较其他地方偏高，那么商品就会从低物价区域流入高物价区域。但是，股票市场中价格的形成过程与商品和要素的供求关系没有直接关系。股票价格变动所引起的首先是人们预期变化，而不是资源配置的变化。因此，股价变动对资源配置的影响是间接的，而不是直接的。

---

① 华民，陆寒寅. 经理激励、信息制造与股市效率 [J]. 经济研究，2001（5）：53–60.

2.1.1.2　股价信息效率的内涵

1. 信息效率的内涵

由于股价是双向形成机制，受多方投资者预期影响，其中包括噪音。因此，其最终的信息不一定能充分反映企业所有相关信息。另外，即使股价中包含了有价值信息，又有多少能被决策者接收？这些问题就涉及信息效率。

"效率"概念在经济学中应用广泛，原因在于经济学本身是研究稀缺资源有效配置的一门学科。比如，萨缪尔森和诺特豪斯在《经济学》中阐述了对"效率"的定义，他认为"效率"就是代表"不存在浪费"，即当经济体无法在不减少一种产品产量的前提下生产出更多的另一种产品时，该经济体的生产是有效率的，也就是说有效率的生产必然位于生产可能性边界上[1]。另外，提到效率，就不得不提意大利经济学家帕累托（Pareto）和他的帕累托效率。"帕累托效率"源自"帕累托有效"一词。帕累托认为，"对于某种资源的配置，如果不存在另外一种配置形式，使得在改善至少一个人情况下而另外某些人的情况没有变坏，那么此时的资源配置就是最优的。"[2] 可以看出，"最优"实际上就是效率的本质，后来"帕累托最优"渐渐被"帕累托有效率"代替。

可以从帕累托的研究理解到，效率的本质内涵就是"最优"问题，比如技术效率问题指的就是如何选择最优的生产要素组合以实现生产利润最大化以及生产成本最小化。生产效率则指的是如何在特定的要素投入水平下，实现产出最大化。

在资本市场领域，效率问题往往是指其发挥某项功能或职能的充分程度。资本市场最基本的效率问题是如何最大限度地将储蓄转化为投资，使资金配置达到最优，以最大化发挥其储蓄向投资转化的职能。从这一角度审视股票市场效率，可将其分为一级市场的筹融资效率和二级市场的信息效率。一级市场效率是实现资本的最优化配置功能，二级市场效率则是实现其最大化的信息功能，包括信息汇总与反馈能力。因此，信息效率是二级市场的重要议题。

---

① 萨缪尔森，诺特豪斯. 经济学［M］. 萧琛主译. 北京：人民邮电出版社，2008：12.

② 约翰·伊特维尔等. 新帕尔格雷夫经济学大辞典［M］. 北京：经济科学出版社，1996：868.

2. 股票市场信息效率：有效市场理论及其争议性

信息效率相关研究始于"有效市场"概念提出，通过对相关理论展开回顾能够让我们更清晰地认识市场信息效率。马尔基尔和法玛（Malkiel & Fama，1970）认为股票市场是否有效率取决于股票价格能否完全反映各种与市场有关的信息。资本市场的核心功能是提供精准信息以合理地配置资源。因此，市场信息效率是上市公司股价信息效率水平的宏观表现。有效市场理论关于市场信息效率水平的判断标准主要侧重于市场的信息汇总能力，即：当市场对历史经验信息（历史股票价格走势、股票成交量等）进行充分汇总时，市场即为弱式有效性；当市场充分汇总了上市公司披露的所有公开信息时，市场即为半强式有效性；当市场价格充分汇总了所有与企业相关的私人信息时，市场即为强式有效市场。市场信息汇总层次之间的关系见图 2 – 1。

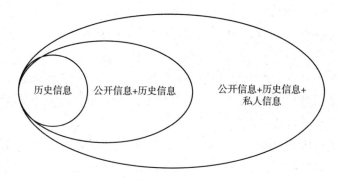

图 2 – 1　市场信息层次

有效市场理论认为，与企业相关的信息将被股票价格所反映，市场最终走向"有效"的一端。然而，有效市场理论关于理性人的假设，使其陷入巨大的争议之中。最为激烈的就是有效市场理论与行为金融理论之间的争辩。行为金融理论是从人性的角度解释金融市场现象，并提供人类投资决策背后的动因。相关理论认为人的非理性导致了市场非有效，市场有效性是不可能实现的，它只不过是一个理想情形，人类的非理性和现实的非理想都决定了市场处于由人类认知和行为决定的非有效状态。因此，与有效市场理论最大的矛盾点就在于行为金融理论不认同人的完全理性之假设。

格罗斯曼和斯蒂格利茨（Grossman & Stiglitz，1980）分析了股票市场可能无法实现完全信息效率的原因，即信息不完美情况下的非理性乐观主义和悲观主义（类似于行为金融理论的观点），而这些非理性因素会对宏观经济产生影响。

3. 股价信息效率内涵：股价启示效率（RPE）与股价预期效率（FPE）

有效市场理论认为信息效率是股票价格对信息的汇总充分程度，即股票价格信息的汇总能力。对股票价格信息多大程度上反馈并被相关决策者接收的研究较少。现实情况是，这正是股票价格信息产生经济影响的关键。从这个角度出发，戈德斯坦（Goldstein，2012）将股票价格信息效率分为股价预期效率（forecasting price efficiency，FPE）和股价启示效率（revelatory price efficiency，RPE）两个概念，两者之间相互独立。FPE 是指股票价格反映企业预期价值的准确程度，而 RPE 则指股票价格中包含的有价值信息多大程度上反馈给决策者。这样使得整个信息传递过程被纳入信息效率问题的研究范畴，即 FPE 代表股票价格信息汇总效率的水平，而 RPE 则代表对股票价格信息反馈程度效率水平。从以上两种信息效率的概念来看，有效市场理论的市场信息效率更符合股价预期效率（FPE）的概念，即市场信息效率指的是股票价格对于企业未来价值相关的一切信息的汇总程度。

道和戈顿（Dow & Gorton，1997）基于"学习模型"分析了 FPE 与 RPE 之间的关系。该模型中存在两种均衡。第一种均衡是信息投机者制造信息并进行相应交易活动，股票价格中的信息与投机者的信息一致，决策者依据股票价格反馈信息制定投资决策。第二种均衡是信息投机者不再制造信息，企业投资终止。可以看出，第二种均衡中的 FPE 完全有效，因为股票价格信息准确地预测了投资不再发生的事实，但 RPE 完全无效，因为股票价格没有给企业提供任何有价值的信息。由此可知，RPE 值高低是股价信息产生经济影响的关键。

关于两种信息效率的判断，前述所介绍的市场效率的测度方法更倾向于分析股价预期效率。关于股价启示效率，目前没有比较准确的测度方法，但考虑到股票价格如果具有启示性，可以进一步改善企业投资决策效率，故可以通过分析股票价格与投资效率之间是否存在关系进行判断。

4. 股价信息效率的测度

股价信息效率相关问题实证研究的关键在于有关测度指标的选取。这里将基于前述两种股价信息效率的内涵，对既有文献中相关测度方法进行评述。

（1）股价信息含量与股价信息效率的关系。当前，股价信息效率相关测度指标中一个重要的指标是股价信息含量。目前国内外公认的方法源自罗尔（Roll，1988）的研究，相关研究发现股票回报变动有相当一部分是市场波动解释不了的。因此，用股票回报变动情况衡量上市公司股票价格中通过交易注入的私人信息的比例，并采用股价同步性作为股价信息含量的负向指标。后来的测度方法在此测度方法上进行了改进，目前较为普遍的做法是采用法玛—弗伦奇（Fama-French）模型测度股价非同步性来衡量股价信息含量。古尔等（Gul et al.，2011）采用法玛—弗伦奇三因子模型测度了 R^2 值和股价非同步性指数。模型如下：

$$r_{ij} = \alpha_0 + \alpha_{1i}RM_j + \alpha_{2i}SMB_j + \alpha_{3i}HML_j + \varepsilon_{ij} \qquad (2-1)$$

式（2-1）中，r_{ij} 为股票 i 于交易日 j 内公司股票回报率高于无风险回报率的部分；RM 是基于企业价值加权的市场超额收益率，即市场风险溢价因子；SMB（small-minus-big factor return）为市值因子，即小市值股票组合平均收益减去大市值股票组合的平均收益后的收益率差；HML（high-minus-low book to market）为账面市值比因子，即高账面市值比的股票组合的平均收益减去低账面市值比的股票组合的平均收益后的收益率差。

股价非同步性（Non-synchronous）公式如下：

$$inform_{it} = \log\left[(1 - R_{it}^2)/R_{it}^2 \right] \qquad (2-2)$$

式（2-2）中，$inform_{it}$ 为企业 i 于第 t 年内的股价非同步性指数，该值越大，股价信息含量越高；R_{it}^2 为回归拟合优度值，可以衡量股票 i 的年度日均回报率同步性情况。国内研究方面，袁知柱和鞠晓峰（2009）基于 Fama-French 二因子模型测得 2000~2005 年我国上市公司股价信息含量的均值为 0.16。

然而，该指标既不能代表股价启示效率，也不能代表股价预期效率，却又与两者存在关联性。从该指标的经济意义可以看出，其只是能够反应某时段股票价格汇总信息的能力，属于"流量"值，而股价预期效率（FPE）属于"存量"值。比如，某时段公司股价估值过高（FPE），但如果有重大利好消息，那么股价同样能够汇总与反映相关消息。同时，该指标也不能代表股价启示效率（RPE），因为即使股票价格在某时段对特质信息进行了汇总（股价信息含量上升），而企业是否接收股票价格反馈的信息尚无法确定。但该指标与 RPE 有重要关系，即通过该指标与企业投资行为之间的关联性，能够判断 RPE 是否有效。该指标虽然无法代表 RPE，但有利于对 RPE 进行进一步的判断。

（2）错误定价程度与 FPE 的关系。股票价格是否准确反映了企业未来价值（FPE 水平），一个重要的指标是错误定价程度。该指标反映了股票价格偏离企业价值的程度，其大小主要受到投资者情绪和投资预期的影响。较早的研究使用托宾 Q 作为其代理变量，但之后越来越多的学者认为该指标不一定代表每一个上市公司的错误定价程度，也可能代表上市公司的成长性。鉴于此，国内大量研究采用可操纵应计利润（Discretionary Accruals，DACCR）作为错误定价程度指标的代理变量，主要原因是国内外大量研究表明 DACCR 与未来股票收益率成反比，这说明 DACCR 较高的公司其股票价格被高估了（Sloan，1996；Teoh et al.，1998a，1998b；李远鹏和牛建军，2007；杨开元等，2013）。

2.1.2　股价信息效率的影响因素

2.1.2.1　理论分析

股价启示效率（RPE）较高时，股票价格信息中有价值的信息（特质信息）才能反馈给企业，以指导资源合理配置，因此国外学者更关心 RPE 的变化及其影响因素。戈德斯坦（2012）引入"状态变量"概念解释 RPE 下降的原因。状态变量是指股票价格中关于决策是否有效的提示性信息。RPE 下降存在三种情况。

第一种情况是，FPE 完全有效条件下，投资决策制定后，若企业预期价值与状态变量之间存在非单调关系，RPE 将下降。换言之，若股票价格与状态变量之间存在非单调关系，RPE 将下降。如果特定股票价格存在多个状态变量，RPE 将下降。如果状态变量值低于某一门槛值后，决策者采取相应的纠正措施，如董事会解雇不称职的高管、私募基金收购业绩差的企业，非单调性将增加。邦德等（Bond et al.，2010）建立博弈模型分析了此情况的均衡状态，结果表明，决策者若想实现收益最大化就不能将股票价格作为唯一的信息资源。

第二种情况是，若决策者消极对待对股价反馈信息，将打击投资者收集信息的积极性，RPE 将下降。道等（Dow et al.，2017）认为如果决策者认为股价不具有信息性而不予以考虑，投资者发现搜集信息无法获得相应回报，就会失去搜集信息的动力，股价将真正转为非信息性状态并据此进一步分析了股票市场放大经济冲击的作用机理：经济冲击减少了企业投资，进而降低了投资者搜集信息的积极性，股票价格信息效率下降反过来又进一步减少了企业投资，由此，经济冲击被放大。

第三种情况是，投资者即使没有信息搜集成本，若股价不能对各类信息进行充分汇总，RPE 也会下降。邦德和戈德斯坦（2015）分析发现投资者如果单纯地依据股价涨跌信号进行交易，将导致 RPE 下降。福尔（Faure，2002）和莱哈尔等（Lehar et al.，2008）认为监管者单纯依赖股票价格会降低其从多渠道获取信息的积极性，使得总信息获取量会下降。

综上，股价启示效率的影响因素来自反馈信息传递的各环节，包括股票价格作为信息载体的有效性以及反馈信息生成与反馈效应的接收。第一种情况说明，如果股票价格被外部非信息因素影响，会造成其启示性失效。比如，当上市公司业绩极差时，大股东可能采取并购重组方案，增加投资者对其重组预期，那么股票价格就与企业价值相背离，股价信息就不会具有启示性。A 股市场的"壳资源"足以反映该情况。第二种情况说明，如果企业决策者不关心股票价格信息，RPE 将下降，这会进一步打击投资者搜集信息的动力，所以 FPE 也会下降。第三种情况是，若投资者只关注股票价格提示性信息，而不去搜集其他信息，那么股票价格中的有价值信息就较少，RPF 也会下降。

从以上观点可以看出，市场信息效率不仅受资本市场运行效率影响，同时也受投资者信息搜集动力、企业决策接收信息的意愿等因素影响，即受信息注入端和接收端两方面影响。关于投资者搜集信息的动力，主要受市场内部噪音干扰、信息成本与企业信息接收意愿等方面的影响。市场噪音太大会诱导投资者做出投资行为，而信息获取成本过高也会使得投资者采取非理性行为。

2.1.2.2 股价信息效率影响因素的实证研究

罗尔采用股价同步性作为股价信息含量的负向指标之后，股价信息效率影响因素实证研究逐渐增多，主要集中于特质信息注入方面。由于成熟市场信息效率较高，国外研究更多地集中在特质信息挖掘与质量提升方面。比如，坎贝尔（Campbell，2001）认为公司特质信息是可能影响公司基本面的价值信息，关系着投资者能否对公司未来现金流、盈利能力等方面预判的准确性。此后，国外学者主要围绕特质信息相关问题展开实证研究。福科（Foucault，2012）研究发现，交叉上市企业的股价信息效率更高。企业内部信息源方面，如靳（Jin，2006）研究发现财务信息质量越高，股价信息含量越高。随着研究的深入，部分文献开始挖掘信息源质量的影响因素，如制度环境（Morck，2000）、市场状态、股票市场开放度、公司治理等（Gul，2010）。

综上，大多数研究更多的关注场内因素，场外因素研究较少。然而，场外因素同样不容忽视，比如企业接收信息的意愿不强，那么投资者就没有足够的动力去搜集信息，会导致市场信息效率整体下降（Dow，2017）。从这一点来看，股价信息效率受场内外因素共同影响。因为股价本身只是一种信息载体，只有实现投资者与企业之间的信息互动，其信息效率才是最高的。

2.1.3　股价信息效率经济后果：反馈效应与错误定价

股价信息效率水平通过影响上市公司决策者行为，进一步影响上市企业投资效率、融资约束、代理成本等方面，产生一系列经济后果，常见的是反馈效应和错误定价的影响，进而累加成股票市场的经济影响。然而，股价信息效率的经济后果只有在特定的股价信息效率水平下才有可能显现。比如，杜尔涅夫（Durnev，2004）认为新兴国家低效率市场并不能通过反馈效应起到合理配置资本的作用。在此对股价启示效率（RPE）与股价预期效率（FPE）在特定水平下的经济后果相关文献进行介绍。

2.1.3.1　股价启示效率有效的表现：反馈效应

股价启示效率有效意味着股票价格能够对投资者观点和私人信息进行汇总。这些信息量中包含经营者所缺乏的关于企业投资决策成败等有价值的信息，这部分信息被企业接收后，成为企业投资决策的参考依据，指导企业资源的合理配置，即反馈效应。根据企业接收反馈信息的渠道差异，相关研究可分为"学习假说"和"激励假说"。

1. "学习假说"（Learning Hypothesis）

传统资本市场模型中一般将企业价值作为外生变量，以分析信息投机者如何利用私人信息获利，并揣测自身信息与股票价格之间的关联度（Grossman & Stiglitz，1980；Glosten & Milgrom，1985；Kyle，1985）。由于企业价值外生设定，此类模型不能分析资本市场如何影响实体经济。20 世纪 90 年代初，部分学者开始将企业价值作为内生变量分析内幕交易问题（Fishman & Hagerty，1992；Leland，1992；Khanna et al.，1994；Bernhardt et al.，1995）。此类模型中内幕交易者的信息不会进入股票价格的信息汇总过程，股价信息效率下降。与此同时，外部投资者跟踪内幕交易者行为，所以逆向选择风险降低，这又提升了股价信息效率。企业管理者会根据股票价格反馈信息制定投资决策，故内幕交易对股价信息效率的影响转化成对实体经济效率的影响。此后，企业价值内生模型相关研究逐渐增多。

"学习假说"相关研究认为企业决策者可以通过分析股票价格反馈的有价值信息而调整投资决策，使得投资效率得到优化，并产生"学习效应"。但该假说的质疑者认为企业不一定选择从股票价格中获取信息，因为管理者拥有更多与投资决策相关的信息。支持者则认为，单个投资者信息量可能不如决策者，但股票价格作为全部投资者的信息汇总，必然包含决策者所不知道的信息（Grossman，1976；Hellwig，1980）。诚然，除内部信息之外，外部信息同样影响最优投资决策选择，如宏观经济形势、市场竞争程度、消费需求等。股价反馈信息能够弥补企业对以上未知信息的空白。罗（Luo，2005）采用美国上市公司并购数据实证检验了"学习假说"，结果表明上市公司发布收购公告后的股票价格走势能够显著影响企业进一步行动，并最终影响并购成功率。他的解释是，由于收购方可获得的标的公司信息有限，因此存在高估风险。另外，如果收购方企业对产业未来发展潜力等信息掌握不够充分的话，可能会采取错误的并购决策而导致企业利益受损。管理者能够从股票价格走势中学习到与"收购决策是否合理"相关的信息。

关于"学习假说"的实证检验，考等（Kau et al.，2008）证明了基于激励契约的治理机制能够减弱委托代理问题，且"学习能力"强的企业更为显著。陈等（Chen et al.，2007）以股价非同步性作为股价信息效率的测度指标，实证发现嵌入股价中的特质信息量越多，投资—托宾 Q 敏感度越高，经营者依据股价反馈信息调整投资决策。巴基和怀特（Bakke & Whited，2010）在校正托宾 Q 测度误差后，证明了股价信息含量提升对投资—托宾 Q 敏感度有显著正向影响。福科和福瑞萨德（Foucault & Fresard，2011）实证研究发现交叉上市公司可以通过不同市场的股票价格获取更多有价值的信息，故投资对股票价格的灵敏度更高。在内生性问题解决方面，部分文献通过市场流动性冲击对企业的影响来检验信息效率的作用。2001

年美国证券交易所将涨跌单位由 1/16 美元调整为 1 美分，市场流动性增加。巴拉斯等（Bharath et al.，2013）发现小数点制改革导致的流动性冲击提升了企业未来价值。怀尔等（While et al.，2009）的研究同样发现流动性增加对企业总价值产生正向影响。布特和萨科（Boot & Thakor，1997）以及苏布拉马尼亚姆和提特曼（Subrahmanyam & Titman，1999）用反馈效应来解释为什么企业倾向于选择公开发行股票而不是私人融资。他们认为企业上市后能够从股票价格中获取有价值的信息，据此调整和优化投资决策。福科和格里克（Foucault & Gehrig，2008）同样以反馈效应解释为何企业会倾向于选择交叉上市，其研究认为交叉上市有助于企业从资本市场中获取更多有价值的信息。

2. 激励假说（Incentive Hypothesis）

"激励假说"认为即使不考虑股票价格中有价值的信息，经营者也可能受到股票价格的影响。当经营者报酬与股票价格挂钩时，若股票价格能够反映管理者行为的相关信息，则将激励其采取"企业利润最大化"行动，进而影响投资效率。不难发现，"激励假说"与传统激励契约理论相似，后者认为解决所有者与管理者之间的信息不对称问题，必须设计薪酬业绩契约（Jensen，1976）。但两者存在明显差异，股价信息"激励效应"产生的关键在于管理者行为与股票价格之间的关联度，倘若股票价格变化受市场噪音的影响更大而不能够反映管理者行为，则其改善基本面的意愿就会变弱。而如果股票价格能够准确地反映企业价值，那么企业就会选择设计薪酬股价契约解决委托—代理问题。反之，所有者不会选择薪酬业绩型契约，管理者也不会关心股票价格的走势。

费什曼和哈格蒂（Fishman & Hagerty，1989）对股价信息效率与激励效应之间的关系进行了详细分析，认为如果股票价格能够充分地反映企业未来现金流情况，那么管理者就会有足够的动力去选择最优投资决策。然而，最优投资决策相关信息往往无法被投资者察觉，因此股票价格不能反映未来现金流情况，故企业会处于"投资动力不足"状态。如果股价信息效率提升，股票价格能够准确地反映企业未来现金流，将管理者决策调整所创造的增加值也包含在内，则"激励效应"将提升。

关于"激励假说"的实证检验，康和刘（Kang & Liu，2008）研究发现股价信息效率与 CEO 薪酬—股价敏感度之间存在正向关系。而费雷拉等（Ferreira et al.，2011）通过实证研究证明了股价信息效率与董事会独立性之间的负向关系，认为在"激励效应"足够大的情况下，上市公司不需要其他监督机制，如董事会等。加雅拉曼和米尔波姆（Jayaraman & Milbourm，2011）以股票分拆（除权）作为流动性增加的工具变量，发现流动性增加会提升"激励效应"。方等（Fang et al.，2009）通过小数点制改革的自然实验分析外源性流动性冲击对企业投资的影响，发现无论是"学习"还是"激励"，流动性冲击都对企业价值产生正向影响，而具有激励契约的企业所受影响更明显。

3. 信息传递中的信息效率作用

由于信息传递渠道不同，RPE 和 FPE 之间的联系也存在差异。在"激励效应"的产生过程中，经营者并不从"学习渠道"中获取信息。根据RPE 的定义，在此情况下，股票价格必须能够反映经营者"企业利润最大化行动"的相关信息，并且反映程度越充分，激励效应越强。因此，两种信息传递渠道中 RPE 的作用存在差异。在"学习渠道"中，RPE 通过股票价格反馈有价值的信息影响决策者，RPE 和 FPE 之间不必存在关联性。"激励渠道"中，RPE 的含义是指股票价格多大程度地反映管理者行为的相关信息。因此，RPE 有效的前提是 FPE 完全有效（股票价格能够反映企业的真实价值），其背离的唯一原因在于投资者无法获悉管理者行为的相关信息（Paul，1992）。值得注意的是，斯泰因（Stein，1989）的研究认为即使RPE 较高，管理者同样有违背"企业价值最大化"的动机，即通过利润操纵（盈余管理）达到"股价最大化"的目的。布兰登伯格和波拉克（Brandenburger & Polak，1996）研究认为，企业管理者以提升股票价格为目的会忽视最优决策的相关信息，从而造成决策效率下降。艾金和斯泰因（Aghion & Stein，2008）认为管理者会为了炒作股票价格上涨而迎合宏观政策，采取偏离市场需求导向的投资行为。

2.1.3.2 股价预期效率（FPE）非有效的表现：错误定价的影响

市场效率是金融资产能否正确定价的基础。当股票价格不能让企业价值脱离基本面时，即 FPE 非有效，错误定价的影响显现。大量研究发现资本市场错误定价会扭曲公司的投资行为，降低资源配置效率，表现为当期资本高增长与下一时期的低股票收益（资本增长异象）。巴罗（Barro，1986）认为美国股票市场价格显著影响企业投资，错误定价会造成过度投资，加拿大投资水平对美国股市的反应比对本国股市的反应更加明显。波尔克和萨皮恩（Polk & Sapien，2009）用可操纵性应计利润指标作为错误定价指标的代理变量，分析其对过度投资的影响，结果表明两者存在正向关系。法扎瑞（Fazzari，1988）则认为错误定价通过放松融资约束来改善企业投资不足困境。林祺（2016）采用 1998 ~ 2013 年 A 股上市公司数据实证研究了资本市场效率与资本增长异象，发现错误定价中的"过度投资假说"与"市场择时假说"能够很好地解释中国资本增长异象。以上研究的视角都是相同的，即资本市场效率是通过错误定价影响企业投资水平。错误定价对上市企业的影响渠道可归结为以下四方面。

1. 公司金融方面

奇瑞科（Chirinko，2001）依据日本股市经验数据，实证研究发现上涨趋势、噪音交易等"泡沫"引起股票价格背离基本面价值，造成企业融资成本降低、固定资产投资增加，并认为在波动性大的市场中这种"融资效应"愈加明显。贝克（Baker，2003）研究发现股价错误定价能够促进投资，尤其是对股权融资依赖度较大的企业而言更是如此。坎贝尔和格拉哈姆（Campell & Graham，2013）采用美国 20 世纪 90 年代市场泡沫时期的非技术型制造业企业样本数据进行实证检验，发现股票价格过高会放松企业融资约束进而影响企业的投资决策。另外，上市公司会择机进行股权融资和股权质押以获取更多投资资金。徐寿福（2016）研究发现中国上市公司质押规模与股票错误定价呈现显著性正相关。部分研究认为，对于融资约束比较紧的企业，错误定价有利于其缓解投资不足。但企业融资约束因素可能是内生性的，如企业业绩较差，这种情况下放松融资约束会造成过度投资风险，导致资本配置低效率。

2. 外生反馈效应方面

考迪亚（Chordia，2005）认为股票价格反馈效应并非通过信息渠道，而是通过影响客户、供应商、贷款方等利益相关者对上市公司的印象，进而影响企业现金流和投资，即现金流自身具有内生性。由于此过程中企业价值为外生的，故称"外生反馈效应"。康纳和索蒂（Khanna & Sonti，2004）认为错误定价通过外生反馈效应放松企业预算约束，管理者与交易商有足够的合谋动机来操纵价格，以让公司进行某些投资。奥兹顿诺瑞和元（Ozdenoren & Yuan，2008）研究认为投资者信念造成股票溢价，通过外生反馈效应，进一步提高了企业现金流。

3. 控股股东获利渠道方面

格罗斯曼和哈特（Grossman & Hart，1988）将公司的价值分为共享收益和私人利益，并认为控股股东具有信息禀赋优势，拥有企业未来业绩情况、市场价值偏离程度等更多相关信息，因此当错误定价发生时，其有足够的动机通过择机减持以获得私人利益。斯泰因（Stein，1996）研究认为，非理性市场中的投资者情绪会造成公司股票被高估，即当错误定价时，管理者就会选择发行股票进行股权融资，当股票价格被低估时就会选择回购股票。持股比例下降导致控股股东与小股东的利益不一致，使得"掏空"动力增加，而业绩提升动力和监督力度下降。

4. 公众监管方面

艾玛尔（Amar，1993）认为股票市场中股市的流动性过高，使股票持有者不注重所投资公司的经营状况，会降低公众参与公司监管的可能性。

2.1.4 股票市场的经济影响机理：股价信息效率经济后果视角

综上，各类股价信息效率高或低，均会产生经济后果。具体来说，当股价信息效率（RPE）较高时，反馈效应开始显现：一是通过股价汇总并反馈特质信息，缓解管理者外部信息不对称问题，提升管理者投资决策效率，即"学习效应"；二是通过股价对管理者行为相关信息的反馈，激励管理者采取"企业利益最大化行动"，即"激励效应"。

当股价预期效率（FPE）较低时，错误定价的影响开始显现：一是放松融资约束，这主要通过择机股权质押、融资等途径实现；二是通过外生反馈效应，放松企业预算约束；三是控股股东获利渠道转变，决策者改善基本面意愿下降，内部人风险上升；四是公众监督被削弱。

需进一步解释的是，股票市场可能通过"非信息"和"信息"渠道缓解企业代理问题。"非信息影响"源自激励契约的有效性。詹森（1986）认为，所有者将管理者报酬与绩效挂钩以设计合理奖励性契约，能够减少其机会主义行为，形成对管理者行为的激励，促使其采取企业利益最大化行为。薪酬业绩敏感性是业绩型契约是否有效的关键，敏感性越大代理成本越低（Jensen & Murphy，1990）。较高股价信息效率有利于企业设计股票业绩型契约，提升薪酬业绩敏感性（苏冬蔚，2013）。股票市场对企业代理成本的"信息影响"源自股价对管理者的企业利益最大化行为的信息汇总与反馈，对管理者行为产生激励效应。

可以看出，激励效应产生的关键在于股票业绩型契约的建立，如果股票价格与管理者行为之间不存在关系，那么管理者也不会关心股票价格的走势。值得一提的是，以上两种"渠道"的前提是，股价预期效率（FPE）有效。如果 FPE 无效，将不能反映企业合理的价值，激励契约将无效，而"激励效应"也不会存在。

基于以上研究，展开股票市场的经济影响机理分析。具体分析框架见图 2 - 2。

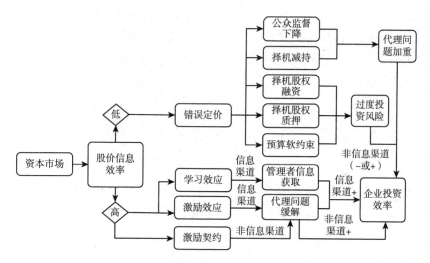

图 2 - 2　股票市场的经济影响机理分析框架

注："＋"表示正向作用，"－"表示负向作用。

当股价信息效率较高时，股票市场的经济影响机制在于：一是通过股价预期效率有效性，提升企业股票业绩型激励契约的有效性，进而降低代理问题；二是通过股价启示效率有效性，产生反馈效应（学习效应和激励效应），以缓解企业内外部信息不对称问题。值得一提的是，反馈效应是一种间接影响，既受到投资者特质信息注入的影响，也受到企业接收信息意愿的影响。以上效应会对企业投资效率、代理成本等产生正向的积极影响。

当股价信息效率较低时，股票价格脱离基本面运行，造成错误的影响开始显现。一是过度投资风险。企业更倾向于择时套现，比如择机股权融资、股权质押，这使得融资成本下降。同时，股票价格过高会使企业对未来现金流充沛程度的预期增加，造成软预算约束，导致过度投资风险。二是加重企业代理问题。大股东择机套现行为和投资者非理性行为所导致的公众监督下降，会加重企业代理问题。以上影响均会导致企业投资效率下降。值得注意的是，对于未来发展潜力巨大的企业，错误定价降低其融资约束，可能是一种正向的影响。

另外，需要指出的是，正如"市场择时假说"所认为的，管理者会选择在股票被高估时进行股权融资，而在股票被低估时回购本股票①。因此，大股东择机套现时机和动机的充分程度，是决定企业受错误定价影响的关键。

从中国市场情况来看，股票市场一直具有高波动特征。故企业上市时间越长，大股东"择时行为"的时机越多，企业受错误定价影响越大②。另外，股权溢价率越高，控股股东"择时行为"的动机越充足，企业受错误定价影响越大。而国有性质控股股东"择时行为"受到约束，受错误定价的影响应当较小。

2.2　股票市场"最优经济影响"的理论探讨

本节主要从宏观的、动态的、多理论融合的视角对股票市场的"最优经济影响"进行理论探讨，避免微观视角分析的狭隘性，并阐释信息高效率市场服务经济发展的理论逻辑。

2.2.1　股票市场"最优经济影响"的判断

2.2.1.1　股票市场"最优经济影响"的内涵

股票市场作为一种制度安排，其根本目的在于服务经济发展。2017 年 7 月，习近平总书记在全国金融工作会议中指出，金融要回归本源，服从服务于经济社会发展。诚然，股票市场与经济社会发展的关系，是"服务与被服务"的关系。股票市场的"最优经济影响"，在于其是否能够充分发挥

---

① Baker M. , J. Wurgler. Market Timing and Capital Structure［J］. The Journal of Finance，2002，57（1）：1 – 32.

② 这里的"择机行为"是指企业选择时机进行股权融资、股权质押等获得现金，不只是大股东减持套现。

服务功能，促进经济发展实现各阶段"最优状态"①。

股票市场服务功能最大化，首先应聚焦于"服务"的定义。因为，任何一门学科范畴的建立，最根本的就是体现在基本概念的界定上。"服务"可以看作是一种描述两者关系的状态变量。中国古代最早类似于"服务"一词的记载出自《论语》："子夏问孝。子曰：色难。有事，弟子服其劳；有酒食，先生馔，曾是以为孝乎？"其中，"有事，弟子服其劳"的意思是，长辈有活儿需要干，晚辈为其提供体力上的服务。很显然，这句话诠释了"服务"的本质：供给方能够提供服务以满足需求方的需要，属于"正面影响"。因此应该搞清楚，需求方需要什么，供给方能够提供什么。若供需不匹配，则"服务"这一事件就不会发生；若供需不到位，则出现"服务"效率问题。

综上，要使股票市场最大化地服务于经济社会发展，应该弄清楚以下问题：一是经济社会发展的推动力；二是股票市场能够为此提供什么。

2.2.1.2　经济社会发展的推动力：社会学习能力与生产关系完善

关于经济社会发展的推动力，需要确定一个最为合理的分析范式，才能厘清股票市场与实体经济的关系。从世界经济理论发展历程看，只有确定正确的分析范式，经济理论分析才能更符合实际，也更具科学性。拉卡托斯（Lakatos）对"范式"的内涵进行了详细解释②。从他的观点来看，范式是由内核和"保护带"两个重要部分组成，内核是范式的"标志"，而"保护带"的意思就是假设条件，是内核基础上的环境条件设置。所以，内核如果不变，那么范式就没有变化，如果内核变化则是新范式的形成。"保护带"发生变化对范式的本质没有影响。

古典主义立足于哲学科学性基础之上，更注重劳动生产力和生产关系问题分析，如亚当·斯密、李嘉图、马克思等，主要研究都是属于政治经济学范畴。因此，古典经济理论对经济问题的描述与现实世界更为接近。自亚当·斯密开辟的现代经济理论确定了市场这只"看不见的手"在资源配置中的决定性地位后，马歇尔基于古典主义思想，以数学工具重构了经济学知识体系，使经济学从哲学范畴独立出来成为一门科学性学科，开辟

---

① 实现经济发展"最优状态"，关键是提供一系列制度安排，引导其向"最优状态"发展。
② 伊姆雷·拉卡托斯. 科学研究纲领方法论［M］. 兰征译. 上海：上海译文出版社，2005：78.

了新古典经济理论，建立了追求"均衡"的数学范式。由于数学工具的应用使经济学传播更广，新古典经济理论成为 20 世纪初的主流经济学。但由于严苛的假设条件，比如理性人、完全信息假设等，这些假设条件与现实世界严重脱节，经济现象解释力较差，导致新古典范式备受责难。

奥地利学派意识到了经济学的哲学属性，试图以哲学思辨的方式重构经济学的思想体系，其研究走向"以人为本"的人性论和知识论的领域。米塞斯（Mises）意识到这一点，因此将其著作命名为《人的行为》。哈耶克开创了市场经济的知识论基础，聚焦于比"人的行为"更深层的知识（信息）层面。

20 世纪 70 年代后，理性预期学派通过对理性预期的数学处理，将不确定性决策转化为贝叶斯概率的确定性决策，使新古典范式得以"重获新生"。针对信息不完全的问题，"信息成本"概念的提出，左右了当时主流经济学的发展方向。相关研究认为，主流经济学坚持信息不完全，实际上隐含了一个事实，即如果行为主体愿意付出足够的信息成本，就可以获得完全信息。因此，通过把"人的认知能力""不确定性"等理性不足问题转化为信息成本问题，大大增强了对现实的解释力，新古典范式再次获得新生。正是由于新古典范式改变了保护带的设定，将理性预期纳入其中，进而将不确定性成功地转化为概率型确定性问题，同时将信息成本纳入保护带，成功地把行为主体的认知能力不足转化成为信息成本。以上保护带上的完善，使得原主流经济学内部的各分支被统一起来，共享同一个范式，即新古典范式，无论是新凯恩斯主义还是新制度经济学。

然而，威廉姆森（Williamson）与后期的诺思（North）等新制度经济学家发现新古典范式关于信息成本概念的引入，其实根本没有改变其脱离实际的本质，开始引入西蒙（Simon）的"有限理性"概念。西蒙的"有限理性"是指认知的能力不足将导致当事人无法完全准确地认识世界，这意味着无论付出多大的信息成本，一阶最优结构总是达不到的，均衡的唯一性也无法保证。在后期，诺思又进一步引入"路径依赖"和"报酬递增"机制，对新古典范式进行了强烈反驳。而以斯蒂格利茨（Stigliz）为代表的信息经济学派更是认为市场本身是不存在的，并颠覆性地构建了信息范式。

如果结合历史背景，不难发现范式的保护带的完善和内核变化与时代变迁有密不可分的关系。古典经济理论诞生于资产阶级革命胜利后，社会知识结构从宗教为主转变为重商主义为主，市场机制处于发展阶段，因此

"市场至上"成为主要理论思想，而随着资产阶级扩大，对劳动者剥削加大，古典政治经济学成为主流，如亚当·斯密的《国富论》（1776）、大卫·李嘉图的《政治经济学及赋税原理》（1817）。在 20 世纪初经济大萧条背景下，凯恩斯主义经济理论受到推崇，政府要做的就是加大投资以避免有效需求不足。然而，20 世纪 50 年代以后，随着战争结束，受战争影响国家的市场快速恢复，信息不对称对市场效率的影响开始显现，新制度经济学、信息经济学应运而生，研究范式的内核转向能够支配人的行为的制度和信息。这就是为什么越来越多的人怀念哈耶克的原因，人们发现经济问题的根源还是在于支配"人的行为"的制度和信息。

1. 社会学习能力与经济发展

社会学习能力是经济中行为主体通过对"第一类信息"和"第三类信息"的接收和意会，将其转化成"第二类信息"（意会型知识）的能力。社会学习能力决定了创新能力，进而推动经济发展和社会进步。

（1）创新与经济发展。熊彼特（Schumpeter）指出，真正的"发展"是从内部自行发生的变化，而不是强加给它的。如果经济领域本身没有发生经济生活上的自发变化，那么经济发展可能仅仅是经济增长，如人口与财富的增长，这不能够称为经济发展。因为这种经济增长本身在人的生活质量上没有产生新的现象，只是一种适应过程，这种过程只反映在了自然数据上，故这种增长只可以看作是数据的变化①。科技进步能够实实在在地从内部改变经济质量和人的生活质量，因此，熊彼特认为是科技在推动社会进步。

新古典经济理论同样意识到科技进步的作用，但认为技术是外生的，经济增长主要来自资本积累。索洛（Solow，1957）提出了量化资本积累和科技发展的模型，认为资本存量的提高最多能带来 1/3 的人均产量提高，其余的增长则主要来自各种各样的科技发展和技术革新。而技术外生设定使得其对现实情况的解释力不足。因此，罗默（Romer）引入人力资本概念，认为人力资本决定了知识和技术研发，据此提出了内生经济增长理论。但该理论的缺陷在于没有解释人力资本初始情况和总量不变的假设。整体而言，在数学分析工具局限性影响下，由于信息为外生的假设条件，"创新的源泉"也被排除在分析之外了。

---

① 约瑟夫·熊彼特. 经济发展理论［M］. 何畏等译. 北京：商务印书馆，1990：70–71.

在这里引入哈耶克在《致命的自负》中所述，能够对"创新的源泉"有更多反思。他认为那些试图对人类的未来进行提前设计的人，是所谓的"致命的自负"。他们可能初衷是好的，但相关制度一旦实行，人们的思想可能就会被控制而受到约束。这会导致人的创新精神走向枯竭。长此以往，这个经济体的效率将下降。因为，效率就是无数劳动人民不断改善成效的创新努力①。哈耶克的观点将创新问题引入到人的思想（意会型知识）层面。

（2）创新的源泉：社会学习能力。进一步深入剖析创新的决定性因素。熊彼特（1943）认为创新发生的前提条件是竞争状态首先发生偏离，垄断（暂时）更有利于创新。这种观点太过笼统和宏观，无法探究创新的源泉。那么创新的源泉究竟是什么？阿罗（Arrow，1962）首先引入了"学习"的概念，探讨了"研发"和"从实践中学习"两个问题，分析了这两个学习过程中，是什么在促进学习，以及是什么在阻碍学习，并深入探讨了以上"学习过程"与市场激励、宏微观经济环境的关联性。有些知识是研发投入的产物，但很多技术进步其实是生产的副产品，原因就在于生产过程中通过学习而产生的对技术的"微小的改造"。以上观点重新将创新的来源引入到意会型知识层面。因为"学习过程"本身是人或行为主体通过观察波普尔"第一类信息"和"第三类信息"，进行自我提取、处理和意会，进而产生"第二类知识"的过程，这种过程指导行为主体采取自身利益最大化行为。

诺贝尔经济学奖得主约瑟夫·斯蒂格利茨在《增长的方法》中认为：21世纪人类迈向知识经济的过程中，一个"学习型社会"，即基于学习得来的技术进步，而非强调资源积累的社会发展模式，对于持续的发展和增长尤为重要。他认为从"学习"的角度重新审视创新的话，对不同创新主体而言，创新的含义迥异。他认为对于一个"创新系统"来说，从基础研究到应用研究，有时候是在基础理论上有所突破，但大部分时候是对"现有的技术"的发展与改进。因此，大部分生产效率的提升来自企业间彼此的学习，或者通过自身的生产经验而改进现有的技术。因此，应当更多地关注这种学习是如何产生的②。

也就是说，从微观层面看，创新促进经济发展关键在于企业一系列的

---

① 哈耶克. 致命的自负［M］. 冯克利等译. 北京：中国社会科学出版社，2000：27.
② 约瑟夫·斯蒂格利茨等. 增长的方法［M］. 陈宇欣译. 北京：中信出版社，2017：35.

有组织的改进式创新，而不是某项重大的技术突破，大量研究支持了此观点。诺特豪斯（Nordhaus）（1969a）发现，科技进步主要来自生产过程中小微改进的积累，而不是一次性重大科技成就。但重大的科技成就，可能通过知识传播，对其他企业带来许许多多微观层面的小改进，并不断累积改变社会。比如计算机的诞生，其对社会进步的贡献在于其促成了各领域的改进式创新，而这种改进式创新是由一个社会的学习能力决定的。斯蒂格利茨（1987c）认为国家之间的 GDP 差异主要是由于知识水平差异造成的。因此，政府推动构建"学习型社会"将有助于后发国家缩小与先发国家的知识水平差异，进一步缩小收入差距。发展的根本动力源自"学习如何去学习"。世界最成功的经济体不但可以通过重大创新使生产可能性边界外移，同时能够缩小"平均"和"最优"生产之间的差距。这种"平均"到"最优"差距的缩小，关键在于企业间通过学习而进行的改造式创新，这能够持续推动经济生活水平攀升。

综上，真正改变经济生活的创新在于无数的"微小改造"。这种改造来自行为主体对"第一类信息"和"第三类信息"的意会和学习。比如很多企业家更愿意去国外企业参观学习其先进的生产工艺，进而对生产工艺进行改造。

另外，学习如何去学习，能够降低适应性学习带来的"试错"成本。西蒙的有限理性概念认为行为主体并非无所不知的理性，而是一种有限理性。决策者在行动过程中并不一定遵循最大化原则，而可能是遵循"满意"原则①。行为主体面对不确定时，往往根据以往的"试错经验"而采取决策。这本身是决策者对知识的"意会"过程。

政府对学习型社会有非常重要的作用。因为，除了经济社会环境和经济结构相关的影响外，学习主要是由私人和政府对研究或教育的投资水平决定的。不同的行业、企业，甚至企业自身内部，各部门间的生产率提高具有较高的关联性。这意味着，可能对整个社会存在系统性影响，或者每个学习者之间都存在溢出效应。从中国经济转轨的成功经验看，经济高速增长离不开政府正确的科技发展战略。确实如此，改革开放后，市场机制快速恢复，大量创业者通过购买国外生产设备引进成熟技术，弥补了各行业市场空白，实现经济高速增长，这本身更倾向是一种"学习过程"。政

---

① 西蒙. 有限理性 ［A］. 约翰. 伊特韦尔等. 新帕尔格雷夫经济学大辞典 ［M］. 北京：经济科学出版社，1996：289.

府在科技创新领域起到了积极的指引作用，无论是战略性领域、基础研发、教育领域都体现了社会主义制度的优越性，在连续的有规划的政策支持下，"学习能力"远高于"激进型"转轨国家。①

（3）比较优势理论：基于学习理论的重新反思。新古典贸易理论中，赫克歇尔－俄林（H-O）提出比较优势理论的前提条件是知识是公共品而且完全可以获得，并认为一个国家应该生产符合自身比较优势（相对要素禀赋决定）的产品。如具有大量无经验劳动力的国家出口劳动密集型商品。现实情况是，各国之间存在技术出口限制，发达国家核心技术不可能被后发国家模仿。克鲁格曼（Krugman，1979）基于迪克西特－斯底格里茨产品差异化模型的研究清楚地提出，出口产品不只是取决于要素禀赋，还被其他因素所影响。相似要素禀赋国家之间经常会交易相似的产品。比如德国和美国之间会相互出口汽车，但他无法解释为何两个国家会出口相似度极高的汽车。

斯蒂格利茨给出了很好的解释，他认为真正重要的不是静态比较优势，而是动态比较优势。决定比较优势状态的变量往往是知识存量、劳动力质量和制度这种静态变量。而真正使比较优势动态化的"禀赋"是经济体的学习能力，这受到知识存量、学习内容、对自身学习能力的认识等方面影响。比如韩国在经济转型初期的比较优势产业是生产大米，但韩国选择发展半导体产业，使其成为亚洲四小龙。主要原因在于学习能力允许韩国发展高新技术产业。而非洲国家效仿东亚出口导向型战略却没有得到相同的经济增长效果，原因在于出口品差异，东亚国家出口的是具有较高学习水平特质的产品。他认为学习理论将重新定义基本概念，如比较优势、政策和经济发展策略。在学习能力范式下，总生产函数将毫无意义，因为企业具有一模一样的知识、能力，以及把要素投入转化为相同产出的能力②。

（4）马克思主义内生增长理论："学习"的重要性。马克思认为技术进步会促进资本有机构成提高。他认为资本技术构成变化表现在，生产资料的量相对于劳动力的量增长得更快，并反映在资本价值构成上，即：资本价值的不变组成部分靠减少它的可变组成部分而增加③。马克思强调了劳动

① 国际比较研究院编 . 2017 新动能新产业发展报告 ［M］. 北京：中国统计出版社，2017.
② 约瑟夫·斯蒂格利茨等 . 增长的方法 ［M］. 陈宇欣译 . 北京：中信出版社，2017：35.
③ 马克思 . 资本论（第一卷）［M］中央编译局编译 . 北京：人民出版社，2018：718.

工具、劳动资料等不变资本的改进（资本技术构成变化）对经济增长的重要作用。另外，马克思指出："工人的技术熟练度、科学发展水平和它在工艺上应用的程度，生产过程的社会结合，生产资料的规模和技能，以及各种自然条件，都可能影响劳动生产力。"① 这说明马克思注意到，劳动主观因素变化对生产力的影响，即劳动复杂度提升对经济增长的作用。

从以上马克思观点中可以挖掘出经济增长的内生动因，即物质资本技术含量和劳动复杂度的提升。物质资本技术含量提升的一个重要途径在于，企业通过"学习"竞争对手的经验而对设备进行改进。而劳动复杂度的提升依赖于员工"干中学"、再教育以及社会整体教育水平提高等。从这个角度，可以看出"学习"的重要性。

2. 完善生产关系与经济发展

（1）生产关系与经济周期。首先从熊彼特的观点来看生产关系与经济周期。熊彼特认为资本主义必然活不下去，而社会主义行得通。主要原因在于资本主义不断进行的"创造性的毁灭"。一旦技术进步使一切都实现"自动化"，无须"人的作用"，"投资机会"也就随之消失，"企业家"也就没有了用处，"资本主义"便无法生存，将自动地进入"社会主义"②。熊彼特认为创新波动是经济周期的推动力。而马克思认为剩余价值是劳动带来的，随着可变资本比重相对缩小，利润或剩余价值会不断减小，最终爆发经济危机并导致资本主义逐渐灭亡。熊彼特、马克思认为人类发展的最终都会走向社会主义。而资本主义会不断蔓延导致周期性产能过剩，最终科技力量足够强大并完全替代人工劳动时，"资本主义"才会自动转入"社会主义"，在此过程中并不能阻止资本主义一次又一次的创造性毁灭（熊彼特周期理论）。正如《21 世纪资本论》所描述的那样，20 世纪世界经济资本增长速度快于经济增长速度，收入不平等问题与马克思在《资本论》中所描述的情况越来越相似。因此，如何让工人阶级获得生产资料并平等分享增长过程中的红利成为关键，即完善生产关系十分重要。

事实上，古典经济学家的研究大都致力于完善生产关系问题。比如，萨伊（Say）认为政治经济学是阐明财富是怎样生产、分配和消费的，即研究人与财富之间的关系，而其目的和任务是关注财富问题，使穷人和富人

---

① 马克思. 资本论（第一卷）［M］中央编译局编译. 北京：人民出版社，2018：370.

② 熊彼特. 资本主义、社会主义和民主主义［M］. 绛枫译. 北京：商务印书馆，1979：79，207.

利益一致。另外，无论是《圣经》还是《理想国》等古希腊哲学著作，都体现了完善生产关系的重要性。

（2）生产关系与社会结构：结构主义理论的解释。结构主义经济理论给了我们解答"为什么经济发展需要考虑完善生产关系"问题的一种结构性的视角。在劳尔·普雷维什（Raúl Prebisch）提出中心—外围理论和贸易恶化理论之后，结构主义经济理论逐渐形成。结构主义经济理论是在批判新古典主义理论基础上产生的，它认为新古典经济理论通过数学工具，使理论看上去具有精确性和严谨性，但它排除了社会、政治、文化和历史发展等因素，因此存在科学谬误；并指出在社会结构失衡的状态下，市场的自发作用不是最终实现经济体系的平衡、效益和公正，而是导致收入差距扩大，财富集中于少数人手中，大部分人则被排斥到贫穷的一极，社会结构表现出繁荣富足和持续贫困两极分化。另外，结构主义理论认为，工业化国家寡头垄断条件下生产的制成品的价格，最终会超过外围国家初级产品价格，财富会流向发达国家，而即使外围国家生产率提高，也不会获得与中心国家相同的经济利益。从长远来看，后发国家在收入分配方面无法得到应有的份额，而且推动内部变革的资金和技术也被剥夺了。

另外，普雷维什还分析了社会结构制约经济发展的机理：收入分配不平衡使得一小部分人占有了大部分发展成果；高收入人群会模仿发达国家居民消费而具有高消费倾向，这其实是浪费了大量的资本积累潜力。由于资本积累出现相对不足，大量劳动力被社会边缘化。再看高收入阶级的表现，由于该阶级思想文化方面与发达国家关联性高，对发达国家形成经济、技术、文化，甚至是意识形态上的依附。高收入阶层由于向往发达国家的消费方式，将资金转向国外。发展中国家能否避免体系的危机，取决于政府能否从维护人民整体利益出发，解决社会结构失衡问题①。

结构主义经济理论对现阶段中国社会经济发展有较大启示意义。现阶段，大量先富起来的人将孩子送到国外，学习到技术的人很少回国发展。另外，收入分配不均使得人力资本投资不足，创新动力被削弱。

3. 最优经济增长模式：完善生产关系与创新问题的统一

中国经济理论一直深受新古典范式影响。同时，马克思主义政治经济

---

① （阿根廷）普雷维什（Prebisch, R.）. 外围资本主义：危机与改造［M］. 苏振兴、袁兴昌译. 北京：商务印书馆，1990：98.

学相关研究多为对完善生产关系的理论分析。完善经济运行和生产关系两个问题似乎很难结合在一起，这是中国特色社会主义政治经济学要解决的重要问题。洪银兴（2016）认为马克思主义政治经济学认为解放和发展生产力在于完善和发展生产关系，而中国现阶段问题还表现在经济运行和经济发展方面，但这同样跟生产关系有关，就是中国特色社会主义政治经济学研究领域所要拓展的。

其实，如果将权力和知识（信息）问题考虑在内，完善生产关系、经济运行与创新，三者本身就是高度统一的。斯特兰奇（Strange）认为，权力决定了权威和市场之间的关系，除非经过拥有权威的人允许，否则市场就不可能发挥其主导作用[①]。

将经济权力单独拿出来考虑，其根源在于财富。很简单的例子，每个人都会有"越有钱越自由"的感觉。经济权力决定了人获取信息能力和运用信息支配自身行为的能力，即"意会型知识"的产生能力。从获取信息能力方面看，信息不对称本身源自经济权力差异，并滋生机会主义[②]。制度安排的目的本质是通过一系列"游戏规则"去平衡经济权力差异。从信息支配人的行为方面看，经济权利又对创新行为产生影响。比如，真正发掘到潜在商机的人不一定创业成功，因为从知识到组合要素形成企业，要持续地追加资本要素，否则很难转化为生产力。

如图 2 - 3 所示，厘清上述多方因素关系有利于探索最优经济增长模式

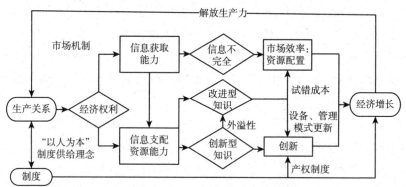

图 2 - 3　最优经济增长模式实现路径的理论分析框架

---

① 苏珊·斯特兰奇. 国家与市场 ［M］. 杨宇光译. 上海：上海人民出版社，2006：19，27.

② 奥利弗·E. 威廉姆森. 市场与层级制 ［M］. 蔡晓月、孟俭译. 上海：上海财经大学出版社，2011：45.

的实现路径。市场机制下，制度决定生产关系，而完善生产关系能够缩小经济权力差异，通过降低信息不对称、改善知识结构，对经济运行（市场效率）、创新产生一系列连锁反应（在此简化处理）。多方因素相互影响，促进最优经济增长模式实现（市场效率提升＋创新驱动）。其中，关键环节是政府"以人为本"的制度供给理念。

2.2.1.3　股票市场的服务功能

如果将股票市场作为"第一类信息"和"第三类信息"信息的集合，那么其潜在功能将是巨大的，将对社会学习能力产生重要影响：一方面提供经济增长成果分享平台，提高人力资本投资水平；另一方面，作为"第二类信息"生成的信息资源，实现"学习型社会"构建。但这些都是以股票市场信息高效率为前提的。

1. 股票市场的一般功能

资本市场作为资金这一重要生产要素配置的场所，其效率直接影响经济运行效率。第二次世界大战后，受战事影响的西方国家和新独立国家迎来经济快速发展，但由于各国信用制度受到战争不同程度的破坏，金融体系不健全、运行低效等制约了实体经济扩张，金融发展理论应运而生。相关理论认为合理的金融结构会促进经济增长，并且资本市场与经济增长存在相互促进、相互制约的关系。健全的金融体制能够将储蓄资金有效地动员起来并引导到生产性投资上；同时，发展良好的经济同样也可通过国民收入的提高和经济活动主体对金融服务需求的增长来刺激金融业的发展，由此形成金融与经济发展相互促进的良性循环（Gurley，1967）。然而，随着二战后西方发达国家信用制度和金融体系迅速恢复和完善，该理论逐渐失去价值。

林毅夫等（2009）从新结构经济学角度对金融结构的演进进行了阐述："当产业和产品技术相对成熟时，金融风险相对较低，资金回报较稳健，银行是更加有效的融资渠道，而在技术前沿的产业中，创新和研发是产业发展的关键，技术风险和市场风险都较高，金融市场能够提供更有利的支持。"这个观点解释了发展中国家资本市场结构转变的轨迹，即由间接融资向直接融资为主的融资结构转变。

股票市场的资本配置功能，主要有以下几个方面。

（1）筹资功能。资本市场最基本的功能就是引导资金从盈余方流向短缺方。现代化社会生产大分工和金融市场化使得外源性融资成为企业融资的主要融资方式，而根据融资渠道不同，可将其分为以银行为主的间接融资和以证券市场为主的直接融资。从美国资本市场发展史看，直接融资是实体经济主要的融资渠道。美国南北战争时期，北方政府通过发行大量国债支持战争，避免了通货膨胀，并使得证券投资大众化。而南方政府因融资方式选择错误使得南方地区陷入严重的通货膨胀问题，是导致战争失败的重要原因①。

（2）改善长期资本投资不足。股票市场出现前，股份制出资者一旦出资入股很难抽出本金，而股票市场能够有效解决这一矛盾，激励出资者行为，改善了投资不足。同时，对于企业投资项目的流动性方面，股票市场能够降低其流动性风险。比如出资者在投资项目完成之前，可能因外部冲击或更好的投资机会而撤资，或者因企业盈利的不确定性增加而寻求短期获利了结，这将造成流动性风险，投资项目被迫中止。股票市场提供流动性的途径在于能够为投资项目变现提供便利，而有助于长期投资项目融资，因此更有利于经济增长。戴蒙德和杜布维格（Diamond & Dvbvig，1983）、格林伍德和史密斯（Grennwood & Smith，1997）基于投资项目选择模型研究了金融市场流动性提升与长期资本形成的关系。模型设定了投资者可以选择两种投资项目，一是流动性差但收益高的长期项目，二是流动性高但收益低的短期项目。投资者认为长期投资周期内，遭遇流动性冲击的概率会增加，资金将不能及时退出，因此更倾向于投资流动性高的短期项目。这导致资金大量流向短期项目，而长期项目投资不足，资金配置效率低下。股票市场可以为投资者提供股票交易的场所，而不会导致资金抽离，因此股票市场有利于资本形成和资金配置效率提升。莱文（Levine，1997）则基于内生增长理论视角，重新定义了股票市场对经济增长的关系，认为股票市场通过提升流动性，在促进物质资本积累的同时，也会促进人力资本积累，有利于研发创新，进而提升经济内生增长驱动力。

（3）放松企业融资约束。博伊德和史密斯（Boyd & Smith，1996）研究认为，随着经济发展，企业资产负债率整体呈下降趋势，原因在于股票市场会对企业融资产生直接和间接两种效应。直接效应包括三方面：一是随着股票的发展，股权融资将代替债券融资，资产负债率将下降；二是股票

---

① 约翰·S. 戈登. 伟大的博弈［M］. 祁斌译. 北京：中信出版社，2005：112.

市场发展使企业分散风险，对企业资本结构的影响取决于企业最优融资结构；三是企业外部股权融资将替代内部股权融资，而资产负债率受此影响不大。间接效应是指股票市场发展能够降低金融中介信息获取成本，监督成本下降，外部债权风险下降，企业外部融资上升，而且这种信息将实质性地改善资源配置，进而促进经济增长。

以上功能主要取决于股票市场资金配置效率，这对经济发展产生直接影响。以银行规模和股票市场规模的比率表示金融结构，运用世界银行数据库中2016年国家层面金融部门的国内信贷和在列国内公司市值占GDP百分比计算金融结构，并绘制其与人均GDP之间的散点图，以便直观地观测这两个指标之间的关系。如图2-4所示，从世界各国家（地区）金融结构与人均GDP关系的散点图来看，人均GDP与金融结构大致呈现反向关系，即较高的人均GDP水平对应较低的银行规模与股票市场规模比，说明以股票市场为主的国家，其经济发展水平显著高于以银行为主的国家经济发展水平。如卢森堡的银行规模与股市规模之比为1.89，人均GDP（2010年不变价）为107480美元；挪威的人均GDP（2010年不变价）为90403美元，对应的银行规模与股市规模之比为2.41；中国的银行规模与股市规模之比为3.29，人均GDP（2010年不变价）为6884美元。可见，中国的金融结构属于典型的银行主导型，人均GDP水平明显落后于其他国家（地区）。应完善相关制度，进一步促进金融体系完善，加速市场化发展，这将为股票市场发展提供更为健康的制度与市场环境。

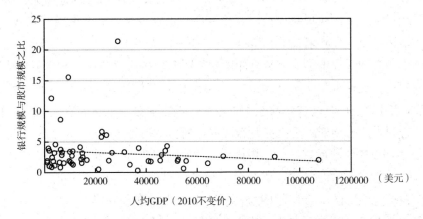

图2-4　国家（地区）金融结构与经济发展水平（2016年）

资料来源：世界银行数据库。

2. 信息高效率市场的功能

股票作为一种虚拟资本,其本身具有虚拟性。但其本身是来源于实体经济的,一旦虚拟资本离开生产,离开劳动者的劳动,资本家就无法获得剩余价值,它具有对实体经济的依附性,即股票价格应能够充分反映企业未来的价值。但作为虚拟资本,其又具有"虚拟性"。一是股票和债券等这些形态极易受市场波动的影响。二是虚拟资本作为一种资本,同样是为了获取更多的利润,因此具有逐利性。三是由于虚拟资本具有虚拟性和逐利性特点,投资者为了获得更高利润甘愿冒风险,一旦失控,虚拟资本就会膨胀,产生巨大的泡沫。因此,股票市场某些高级功能只能在信息高效率市场基础上显现。

(1)信息传递。正如前一节文献概述所讲,信息高效率市场通过股票价格对信息的汇总与反馈,实现对实体经济资源配置效率的影响。另外,证券市场对于银行等金融中介来说,具有信息优势,包括完善的信息披露制度、信息汇总以及信息共享等,这种平台信息外溢性能够吸引更多的投资者进驻,并利于投资者发现有价值的投资项目,降低整体的信息成本。格罗斯曼和斯蒂格利茨(1980)认为随着股票市场流动性和规模扩大,对市场参与者获取信息的激励越大。流动性更强、规模更大的股票市场,更有利于市场参与者通过自身拥有的信息获取利益。股票价格通过对全部参与者信息的汇总,反映企业未来价值,引导资金流入未来潜力更大的行业。股票价格通过反馈企业所缺乏的有价值信息,实现合理的资源配置作用。

(2)外部监控与内部代理问题缓解。股份制的出现使得信用经济与实体经济迅速扩张,但所有权与经营权分离造成了委托代理问题。公司监控可以通过内部监督机制解决,如董事会、持股大户监督等,也可以通过股票市场发挥外部监控功能。企业业绩不佳,股东用脚投票,CEO 被炒的风险就会增加。同时,股价过低,企业可能面临被外部投资者接管的可能。如 2014 年宝能系通过二级市场收购南玻 A 股票,成为第一大股东后,2015~2016 年间对公司管理层进行了"洗盘"。另外,较高的股价信息含量,有助于企业建立股价业绩型契约,降低代理人风险(苏冬蔚等,2013)。

(3)财富效应。鲍默师(Bulmash,2002)认为,信息高效率市场具有较强投资功能,会通过财富效应提高居民消费水平。这说明一个信息高效率市场能够使居民充分参与到分享经济增长的红利中来,有利于改善生产关系，缩小居民收入差距，提升私人人力资本投资水平。而信息低效率市场作为零和博弈甚至是负和博弈市场，往往不具有财富效应，甚至会产生"贫穷效应"。以中国信息低效率市场为例，1992 年到 2004 年中国股票市场投资者共付出了 2.3 万亿元，然而 2004 年 A 股市值仅为 1.29 万亿元，说明这期间投资者亏损了 1 万亿元①。2011 年后个人投资者开始呈流出趋势。在互联网、移动终端技术迅猛发展背景下，股票市场进入便利化发展阶段，居民投资需求不断增加，而"割韭菜"成为 A 股常见现象，也成为社会发展中的矛盾点。

如图 2 - 5 所示，根据世界银行数据库中的数据，用国内上市公司市值与 GDP 之间的比率表示股票市场发展，通过绘制全球各国家（地区）股票市场发展与居民消费水平之间的散点图，可以发现：经济证券化率越高的国家（地区）对应的人均居民消费支出水平越高，二者呈现正向关系。例如，2016 年瑞士上市公司市值占 GDP 的百分比为 209%，对应的人均消费支出（2010 年不变价）为 41566 美元；当年美国上市公司市值占 GDP 的百分比为 146%，其人均消费支出（2010 年不变价）为 36283 美元。澳大利亚、卢森堡、加拿大等经济发达国家也具有类似情况。与经济证券化率水平相当的国家相比，中国人均居民消费支出水平明显偏低，如 2016 年中国

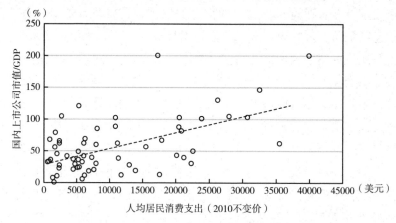

图 2 - 5　国家（地区）股票市场发展与居民消费水平（2016 年）

资料来源：世界银行数据库。

---

① 阙伟成. 中国股票市场发展问题研究——股票市场的制度性风险及其对策 [D]. 武汉大学博士学位论文，2004.

上市公司市值占 GDP 的百分比为 66%，对应的人均消费支出（2010 年不变价）为 2724 美元，而以色列上市公司市值占 GDP 百分比为 67%，其人均消费支出（2010 年不变价）高达 19890 美元。由此说明，中国 A 股市场"财富效应"很低。

（4）股票市场与社会学习能力：理论探索。信息本身对人应对不确定性时的行为具有决定性作用，这是人为什么要获取有价值信息的动机。信息被行为主体接收以后，行为主体将对有价值的信息进行提取和意会，如此信息便会转化为知识，知识存量的增长会促进社会学习能力提升。股票市场能够对信息汇总并反馈，即是"第一类"和"第三类"信息的集合，能够作为人的"第二类"信息的信息投入，对于社会学习能力提升具有潜在作用。

社会学习能力取决于知识存量与知识结构。在此以一种历史逻辑思维去定位股票市场与知识结构的关系。17 世纪中期之前，整个欧洲社会是一种教会主导的知识结构，商业精神受到压制。直到 17 世纪中期，资产阶级产生，在"金钱至上"的价值观和巨大利益驱使下形成的重商主义，迅速地改善了原本落后的知识结构，商业精神推动了技术创新。而在当时，中国社会知识结构深受科举制度影响，封建主义和重农主义思想占主导地位。

从历史逻辑来看，只有在利益驱动下，社会知识结构才会向更有利于创新的状态转变。股票市场"创造财富"的能力对社会具有巨大的吸引力，能够驱使无数普通人追逐和发现更好的企业和股票，这本身是一种商业精神的回归方式，也是市场对潜在比较优势产业的甄别过程，进而推动技术进步和产业升级。

然而，以上结论同样是建立在信息高效率市场基础之上。在信息低效率市场中，投资功能丧失。一是会导致人力资本投资水平偏低，知识积累速度放缓。二是投资者意识到股市是赌场后，会加速逃离市场，并劝告周边的人不要进入股市。这将阻碍社会追赶现代文明的步伐，使得知识结构优化放缓。

（5）股票市场完善生产关系的功能。马克思指出，生产的扩张与信用经济存在相互推动的互动关系。随着商业发展和社会化大分工，信用制度也随之扩大、普遍化和发展。信用包括银行信用和商业信用，而商业信用的关键是资本化形成的以有价证券形式存在的虚拟资本，进而形成了虚拟经济。虚拟资本的形态有两种：一种是以股票和债券为代表的价值形态，另一种是随着信用制度的发展而逐渐形成的以汇票和银行券等为代表的价值形态①。诚然，信用制度造就了股份制，而马克思是认可股份制的。马克思认为：股份制使得那些以生产资料和劳动的社会集中为前提的资本直接取得了社会资本的属性，对立于私人资本，企业也表现为社会企业并对立于私人企业。这是作为私人财产的资本在资本主义生产方式本身范围内的扬弃②。马克思指出全民持股即共产主义。而国外近几年兴起的产品众筹、股权众筹等一些金融创新产品与马克思关于"全民持股"的设想越来越接近。

以上观点说明了股份制本身是社会化大生产的必然产物，它的出现使得资本主义生产关系得以改善。工人阶级持股，获得生产资料所有权，是改善生产关系的重要手段。通俗地讲，股票市场若成为分享经济增长的投资平台，将减缓收入不平等问题。然而，其前提是股票市场本身是一种信息高效率状态。

2.2.2 股票市场服务经济发展的理论分析

2.2.2.1 股票市场在资本市场中的地位

资本市场是一年以上的长期资金和证券交易市场。股票市场作为股份制的一种辅助性的制度安排，其建立初衷是解决出资者与资金需求之间的矛盾。比如出资者的资本往往属于生息资本，当资本利益小于资本成本时，出资者希望能够抽离寻找新的投资机会。随着实体经济扩张，信用制度不断完善，资本市场规模不断扩大，金融机构、体系逐渐复杂，金融工具、服务等创新能力不断强化，资本市场结构将向证券市场倾斜。资本市场结构如图 2-6 所示。

2.2.2.2 股票市场与技术进步

正如前述所探讨的，股票市场可能会通过多渠道影响"社会学习能力"，进而促进技术进步，但前提条件是股票市场具有较强的信息功能③。

---

① 马克思. 资本论（第三卷）［M］. 中央编译局编译. 北京：人民出版社，2018：450.
② 中央编译局.《马克思恩格斯全集》（第二十五卷）［M］. 北京：人民出版社，2001：493.
③ 这里的信息功能，指的是股票市场除传递信息进行资源配置外，还能够传递与人的学习能力有关的全部信息，包括公司信息、企业家信息、投资者私人信息等，促进投资者知识水平的提升。

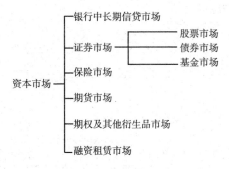

图 2－6　资本市场结构

由于股票市场受政治、经济、文化、体制等多方面因素影响，尤其是对处于转轨期的国家而言，股票市场往往是低效率的，这很难实现其信息功能。结合前文理论分析，在此只阐述高效率市场服务实体经济的理论逻辑。

信息高效率市场对技术进步的潜在影响路径如图 2－7 所示。信息高效率市场能够从激励机制、知识储备、唤醒企业家精神三方面提升社会学习能力，促进新知识的产生，进而服务于技术调整与技术进步。

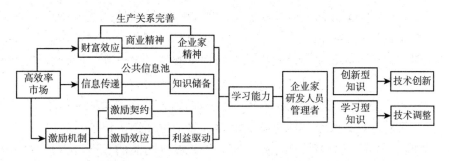

图 2－7　信息高效率市场对技术进步的潜在影响

2.2.2.3　股票市场服务经济发展的理论逻辑

根据要素禀赋理论，一个国家的产业结构取决于其要素禀赋结构。然而，新古典范式下，一国的禀赋被圈定在物质要素领域，这显然不符合实际情况。正如斯蒂格利茨所秉持的观点一样，国家最终的禀赋应该是"学习能力"，它取决于劳动力的人力资本投资、知识（存量、结构）与制度。

结合前文所述，引入知识（信息）和生产关系，笔者构建了学习型内生增长理论分析框架，见图 2－8。在此框架基础上，详细阐述股票市场服务实体经济的理论逻辑。

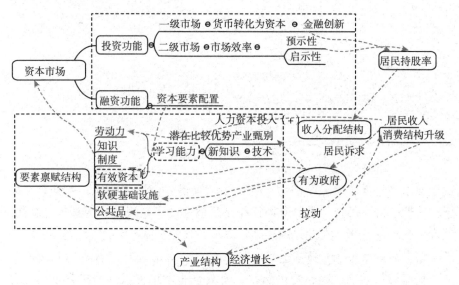

图 2-8 学习型内生增长理论分析框架

一是融资功能方面。可通过合理配置资本要素，增加社会有效资本。

二是投资功能方面。投资功能的前提是信息高效率市场，因此，二级市场具有启示性和预示性。这有利于吸引更多投资者进驻，同时能够激励大众对未来新兴技术、产业，甚至是管理模式的探索与挖掘，这本身是对潜在比较优势产业甄别能力的提升，以弥补政府在这方面能力的不足。同时，投资功能可扩大至其他重要领域尤其是金融创新，用于激活民间资本有效投资，如股权众筹、产品众筹等。提升投资功能的最终目的是提高居民持股率并改善生产关系。

通过发挥股票市场投融资功能，对实体经济产生"前拉后推"的作用。一是完善生产关系，促进优化收入分配结构，对产业结构产生"前拉"的作用。二是通过促进禀赋结构的优化和提升，对产业结构升级产生"后推"的作用。这种机制是对比较优势内生性和产业结构内生性的"双重强化"，使"学习能力"（创新）成为经济增长强劲的内生动力。

另外，有为政府在制度安排、基础设施和公共服务供给（弥补市场失灵、降低交易成本）方面发挥着巨大的作用，是多部门连接性和协同发展的前提保证。而最优制度安排应是充分满足民众诉求，追求社会福利最大化。

2.2.3 转轨期中国股票市场服务功能渐变轨迹分析

正如前文研究所讲，经济发展的根本推动力是基于社会学习能力提升所推动的技术进步。自经济转轨以来，中国也是一直秉承"科学技术是第一生产力"的科技战略。马克思指出，固定资本的发展表明，一般社会知识，已经在多么大的程度上变成了直接的生产力。然而，新知识到技术的转化需要持续的资本要素跟进，即经过研发阶段才能实现这一过程。该过程往往具有高风险、长周期的特征，因此具有"先天性"投资不足。以往金融体系效率相关问题研究主要围绕资金配置问题展开，股票市场对技术进步的影响往往被忽视；而股票市场对实体经济的影响不只局限于其融资功能。

在此，将技术的产生与变化过程扩展到知识领域，将技术发展周期分为四个阶段：新知识的产生、技术形成、技术扩散及技术调整四个阶段（这本身也是企业发展周期）；将股票市场对技术进步的影响考虑在内，重新审视经济转轨各阶段的功能渐变问题。

图2-9描述了转轨期实体经济与资本市场的协同发展关系。转轨初期，由于后发优势，技术"追赶"主要是一种学习的过程，如企业间彼此之间的学习，这一阶段技术水平离前沿边界距离较远。企业不需要较强的研发投入，只需要购进生产设备，因此经济增长模式属于投资驱动型模式。该阶段资本市场只需要发挥其融资功能，以银行为主的金融结构依旧可以保证资本市场效率最大化。

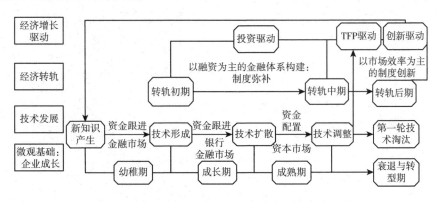

图2-9 转轨期中国实体经济与资本市场协同发展关系

而随着经济转轨进入中后期，技术进步转为"调整型"和"创新型"，社会学习能力的重要性不断增加。经济增长驱动由投资驱动向 TFP 驱动和创新驱动转变。在金融体系不断完善的同时，应加快推进提升市场信息效率为主的制度创新，使其发挥融资功能的同时，最大限度地发挥其信息功能。

综上，转轨各阶段经济发展需求决定了股票市场服务功能渐变轨迹。之所以使用"渐变"一词，是因为股票市场服务功能完善应是一个逐渐变化、有规可循的过程。同时，经济体制渐进式转轨、技术前沿边界、资本市场结构和功能四个维度的转变具有协同性，一旦制度更新滞后，股票市场功能就可能发生脱节，使经济发展偏离其阶段性最优状态。

图 2-10 描绘了经济体系多维度渐变进程逻辑，分别是从计划经济到市场经济的经济转轨、从距离技术前沿边界较远的企业到距离技术前沿边界较近的企业、从间接融资到直接融资以及从融资功能到信息传递过程中股票市场服务功能的演变逻辑。

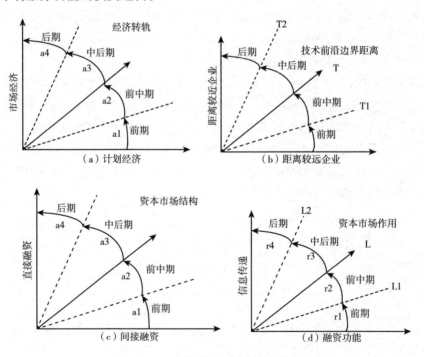

图 2-10　经济体系多维度渐变进程

第 3 章

股票市场发展回顾与现状

股票市场源自实体经济，其本身是一种服务于实体经济的制度安排，故只有结合中国经济转轨的历史背景，才能认清现阶段股票市场信息效率问题的起源。

3.1 经济转轨进程推动股票市场发展

3.1.1 转轨初期：股票市场成立重要目的是服务于国企改革

转轨初期，股票市场成立的重要目的是服务于国企改革。

首先是解决国有企业融资问题。改革开放前企业主要通过政府储蓄渠道融资，但在改革开放后，由于隐性税收机制的解体使政府税收连年萎缩，难以顶托企业资本形成的增长[1]，使得政府缩小其直接投资力度，开始转向以银行优惠贷款为主的金融支持政策。与此同时，地方政府也通过银行贷款投资基础设施建设，地方债务和银行不良资产"水涨船高"。经济货币化放缓使不良资产进一步扩大。转轨初期，中国经济的货币化水平较低，如1978 年 M2/GNP 的值仅为 31.98%，当时世界平均水平为 62% 左右。[2] 至

---

① 陈梦根. 转轨经济中证券市场的成长与制度变迁 [D]. 东北财经大学博士论文，2004：84.
② 资料来源：http：//stock. qq. com/original/zmt/s3781. html.

1984 年，已经提高到 50%，在此之前经济货币化吸收了大量的超额货币供给，所以通货膨胀率一直平稳，但由于对国有企业和地方政府投资的长期金融支持，1985 年后货币化进程放缓，超额货币供给造成通货膨胀上升，银行不良债权呈不断上升趋势。由于银行支持能力下降，国有企业受到的扶持力度进一步减弱，无法在市场竞争环境中自力更生，在此背景下，政府转而关注股票市场融资功能。中国银行业经营情况见表 3 – 1。

表 3 – 1　　　　　　　中国银行业经营情况：1979 ~ 1996 年

年份	不良债权（亿元）	净资产充足率（%）	年份	不良债权（亿元）	净资产充足率（%）	年份	不良债权（亿元）	净资产充足率（%）
1979	28.12	—	1985	12.86	4.05	1991	1862	4.23
1980	78.72	—	1986	90.27	6.76	1992	3000	– 5.51
1981	18.29	—	1987	850	8.79	1993	6500	– 3.52
1982	44.40	—	1988	1110	6.73	1994	7000	– 4.62
1983	19.43	—	1989	1560	6.87	1995	8000	– 7.39
1984	2.03	—	1990	1740	6.41	1996	10000	– 5.48

资料来源：张杰. 中国金融制度的结构与变迁 [M]. 太原：山西经济出版社，1998：78，362 – 363.

其次是为国有企业引入现代企业制度。转轨初期，政府不断推进国有企业改革，先后经历了"收回行政权，扩大企业自主权"（1979 ~ 1984 年）、"所有权与经营权分离"（1985 ~ 1993 年）和"现代企业制度建立"（1994 年之后）三个阶段。20 世纪 90 年代初建立股票市场的目的也是为国有企业引入现代企业制度提供平台，建立股权多元化的有限责任公司和股份有限公司。政府通过国有企业改革引入股东和董事会，希望以此来明晰产权，改善国有企业治理结构。

1993 年 11 月，党的十四届三中全会通过了《关于建立社会主义市场经济体制若干问题的决定》，明确提出：建立现代企业制度，是发展社会化大生产和市场经济的必然要求，是中国国有企业改革的基本方向。其基本要求包括五方面：一是产权关系明晰；二是企业以其全部法人财产，依法自主经营，自负盈亏，照章纳税；三是出资者按投入企业的资本额享有所有者的权益；四是企业按照市场需求组织生产经营，以提高劳动生产率和经营效益为目的，政府不直接干预企业的生产经营活动；五是建立科学的企业领导体制和组织管理制度，形成激励和约束相结合的经营机制。

据对 1994 年开始试点的 2473 家国有企业跟踪调查，到 1999 年底改为公司制的有 2018 家，占 81.5%。其中，有限责任公司 603 家，占 29.9%；股份有限公司 713 家，占 35.4%；国有独资公司 700 家，占 34.7%。520 户国家重点企业中改为多元持股公司的占 70%，其中上市公司 257 家，在境内外资本市场筹集资金达 6000 多亿元人民币[①]。

3.1.2　转轨中后期：新的企业形态要求金融结构向股票市场倾斜

进入转轨中后期，市场机制已经成熟，中小民营企业数量不断增加。根据国家工商总局统计，至 2017 年 7 月，将个体工商户纳入统计的全国小微型企业已达 7328.1 万户，其中，企业 2327.8 万户，占企业总数的 82.5%。以银行为主的金融结构已不适宜新的企业结构态势，为数众多的中小微企业无法从资本市场获得直接融资。而美国资本市场发展成熟，资本市场与企业结构共同呈现"双正金字塔"型结构。党的十八届三中全会提出，健全多层次资本市场体系，是完善现代市场体系的重要内容，也是促进我国经济转型升级的一项战略任务。

现阶段，资本市场的主要问题表现在市场化、法制化、国际化程度不高，直接融资比重偏低，市场层次、结构和基础设施不完善，产品不够丰富，证券期货服务业和机构投资者发展不足等。随着金融改革不断深化，市场体系不断完善，法律化水平不断提高，股票市场运行效率和规模将会得到显著提升。

3.2　股票市场发展现状

3.2.1　市场规模

股票市场自成立以来，上市公司数量与总市值快速扩张。

[①] 卢中原. 国有企业改革的进展、问题及"十五"期间深化改革的建议 [J]. 财贸经济，2001 (1)：12 – 14.

如表3-2所示，截至2017年底，我国上市公司总数达到3485家，其中A股总数为3467家。总市值达到631832.6亿元，其中流通A股市值达到447363.9亿元，流通A股总股本为44736.1亿股。从流动性相关指标看，股权分置改革后，市场流动性逐年增加。流通A股与总市值之比由2008年的0.3提升至2017年的0.708。从流通A股/限售A股比可以看到，这两个市场占比发生了翻转。

整体而言，从2014年开始，上市公司数量呈快速增长趋势，2017年全年A股新增上市公司数量达到433家，而2016年为226家。流通A股/限售A股比值一直呈下降趋势，这与IPO提速有关。从2014年开始，大盘持续攀升，至2015年，走出一波牛市行情。为提升直接融资比例，同时缓解市场次新股投机热，证监会加快了IPO的节奏。但2015年7月~2016年1月期间市场大幅波动打乱了IPO提速的节奏。数据显示，2015年7月，IPO企业数量仅为5家，随后2015年8月至10月，IPO被迫中止。2015年12月证监会重启IPO，审核数量达到29家，但2016年1月，市场做出剧烈反应，上演"股灾3.0"，证监会再次放缓IPO节奏。这说明股票市场依旧不成熟，市场信息效率较弱，受外部冲击影响明显[①]。

表3-2　　　　　　　　　　　　　　股票市场规模情况

年份	上市公司总数	上市A股总数	总市值（亿元）	流通A股市值（亿元）	流通A股（亿股）	限售A股（亿股）	流通A股/总市值比	流通A股/限售A股比
2008	1625	1602	148383.1	44551	6699.5	11813.8	0.300	0.567
2009	1718	1696	290727.2	149618.2	13929.7	6307.7	0.515	2.208
2010	2063	2041	305214.9	191040.7	19157.1	7469.1	0.626	2.565
2011	2342	2320	250115.9	163597.5	22196.8	7188.2	0.654	3.088
2012	2494	2472	267848.8	180141.8	24501.2	6995.4	0.673	3.502
2013	2489	2468	272499.6	198025.6	29729.0	3834.3	0.727	7.753
2014	2613	2592	428620.6	314765.1	32144.7	4627.4	0.734	6.947
2015	2827	2808	584464.4	415547.7	36764.9	6009.2	0.711	6.118
2016	3052	3034	557520	391046.5	40839.3	7722.4	0.701	5.288
2017	3485	3467	631832.6	447363.9	44736.1	8797.0	0.708	5.085

资料来源：Wind数据库。

---

① IPO月度数据来自Wind数据库。

3.2.2　市场参与者情况

3.2.2.1　证券公司：市场竞争激烈

由表 3-3 中证券公司数量与总资产情况统计数据可以看出，证券公司家数由 1994 年的 91 家增长到 115 家，其中 2003 年数量达到 133 家。然而，2002~2005 年期间，股指下跌接近一半，证券公司数量逐年下降，直到2006 年才企稳。2011 年后，其数量又重新开始增加。2014 年，证券公司数量达到 115 家，总资产为 40900 亿元，与 2013 年相比几乎翻倍。2017 年，证券数量达到 131 家，说明市场竞争激烈程度还在增加，市场结构有待优化。

表 3-3　　　　　　　　　证券公司数量与总资产情况

年份	数量（家）	总资产（亿元）	年份	数量（家）	总资产（亿元）	年份	数量（家）	总资产（亿元）	年份	数量（家）	总资产（亿元）	年份	数量（家）	总资产（亿元）
1993	—	—	1998	90	—	2003	133	—	2008	107	11912.23	2013	115	20788
1994	91	—	1999	90	—	2004	133	—	2009	106	20286.91	2014	120	40900
1995	97	—	2000	100	—	2005	116	—	2010	106	19686.13	2015	125	64200
1996	94	—	2001	109	—	2006	104	—	2011	109	15722.53	2016	129	57900
1997	90	—	2002	127	—	2007	106	17313	2012	114	17209.32	2017	131	61400

资料来源：中国证券业协会网站、《中国证券期货年鉴（2014）》。

3.2.2.2　公募基金：规模不断扩大，但稳定市场作用有待考证

自 1997 年底《证券投资基金管理暂行办法》出台后，证券投资基金业发展迅速。公募基金是经济、金融和资本市场的重要组成部分。截至 2015 年底，公募基金资产规模达到 8.4 万亿元，相当于当年 GDP 总量的 12.4%，相当于当年 M2 总量的 6.0%，相当于年末股市总市值的 15.8%。但是目前公募基金的股票市场投资盈利模式与价值投资有所偏离，更注重借助资金优势集中持股中小创股票，导致其在 2015 年股灾期间流动性几乎枯竭，引发了较严重的风险扩散。2017 年 8 月，证监会正式发布《公开募集开放式证券投资基金流动性风险管理规定》，限制公募基金集中持股获取收益的投

资行为。这表明，部分公募基金在选择股票时，不是出于对企业信息的搜集，以及对其未来价值的看好，而是出于一种投机性动机，这会制造错误的引导信号，使其他投资者采取类似的获利方式，误导投资行为，降低市场信息效率①。

3.2.2.3 投资者：数量众多，但投机心理严重

如表3-4给出的A股投资者交易账户情况所示，2004~2013年A股市场投资者是以个人投资者为主的格局，市场整体呈现个人投资者持续流入趋势。个人投资者开户数量由2681.36万增至5391.42万，其中当年参与交易账户数由1520.3万增至3241.72万。

各年份个人投资者数量和活跃度变化与市场行情转换存在同步性，牛市行情是吸引投资者的主要原因。牛市行情中，个人投资者账户及其参与交易账户数增加。如2007年超级牛市行情使得市场活跃个人投资者数量骤增，由2006年的1574.31万增至4073.11万，并且活跃度最高，达到0.95。

2008年金融危机后，个人投资者数量虽略有增加，但活跃度出现显著下降。从未参与交易账户数变化看，2011年后个人投资者开始呈加速流出趋势。

另外，数据显示，机构投资者数量变化除与市场行情有关外，2008年金融危机也对其产生了显著冲击，数量骤减。

表3-4 A股投资者交易账户情况

年份	当年参与交易A股账户数			当年未参与交易A股账户数	合计	个人投资者活跃度
	小计	个人	机构			
2004	1525.11	1520.31	4.80	1156.25	2681.36	0.57
2005	977.82	975.20	2.62	1566.34	2544.16	0.38
2006	1577.61	1574.31	3.30	906.87	2484.48	0.63
2007	4080.08	4073.92	6.16	222.10	4302.18	0.95
2008	4090.85	4085.11	5.74	648.49	4739.34	0.86
2009	4318.36	4310.71	7.65	829.14	5147.50	0.84
2010	4716.06	4708.46	7.60	896.35	5612.41	0.84

① 资料来源：《中国证券投资基金业年报》（2015）。

续表

年份	当年参与交易 A 股账户数			当年未参与交易 A 股账户数	合计	个人投资者活跃度
	小计	个人	机构			
2011	4260.83	4254.33	6.50	1433.35	5694.18	0.75
2012	2995.24	2990.21	5.03	2519.25	5514.49	0.54
2013	3246.99	3241.72	5.26	2144.43	5391.42	0.60

资料来源：《中国证券期货年鉴（2014）》。

为进一步分析投资者心理，在此依据 2011 年 1 月～2018 年 2 月月度信用账户新增开户数进行深入分析。

如图 3-1 给出的信用账户新增开户投资者数量所示，2011 年 1 月～2018 年 2 月投资者新增账户数量变化受市场行情影响明显。2014 年下半年～2015 年上半年，新增开户数逐月增加，2014 年 12 月达到峰值，为 723262 户；2015 年 4～5 月，新增开户人数一直保持在 350000 户以上的高位；但随着 2015 年 7 月～2016 年 1 月市场行情暴跌，新增开户数急剧下降，2016 年 2 月新增开户数仅为 12194 户，之后持续在低位徘徊。这一现象说明，投资者进入股市主要是一种投机心理，目的是"赚快钱"，价值投资理念薄弱。

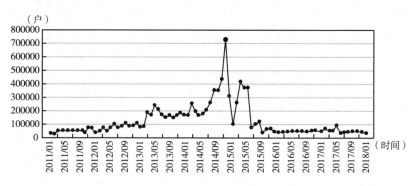

图 3-1　信用账户新增开户投资者数量：个人

资料来源：Wind 数据库。

3.2.3　现阶段股票市场特征

3.2.3.1　经济证券化率较低

世界银行数据表明，2016 年中国经济证券化率（上市公司市值/GDP 比值）为 65.37%，北美地区（美国、加拿大）平均水平为 146.07%。基于该指标，中国在 134 个观察国家（地区）中的排名位于第 44 位，整体水平较低。

3.2.3.2 高波动性

相对于同时期美国等成熟市场情况，中国 A 股表现出高波动性。如图 3 - 2 所示，1992 ~ 2013 年，中国股市走势经历了多轮涨跌过程。1992 ~ 1995 年处于下跌周期，1996 ~ 2000 年逐渐上涨，2001 ~ 2005 年又处于下跌周期，2006 ~ 2007 年出现超级牛市行情，但随着市场泡沫破裂及金融危机，2008 年股市暴跌，2009 年出现反弹后，再次进入熊市。

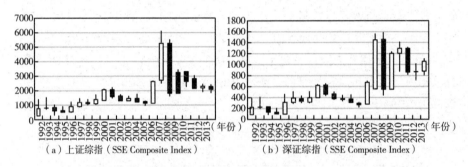

（a）上证综指（SSE Composite Index）   （b）深证综指（SSE Composite Index）

图 3 - 2   中国 A 股各年综合指数波动情况：1992 ~ 2013 年

资料来源：Wind 数据库。

3.2.3.3 市场信息低效率

在此通过测度股价信息含量指标初步分析市场信息效率。图 3 - 3 勾勒了 2004 ~ 2013 年中国上市企业股价信息含量的变化趋势（用均值表示）。从图 3 - 3 可知，2004 ~ 2013 年中国上市企业股价信息含量变化呈现剧烈波动。其中，2006 年该值达到最高峰，为 0.85；2007 年有所下降，这与当时的投机性牛市有关，同时说明"过度投机"会造成股价信息含量下降；2008 年金融危机时股价信息含量跌为负值，主要与金融危机造成的系统性风险有关；2009 ~ 2012 年股价信息含量变化趋稳，2013 年后呈上升趋势。而波托西（Piotroski，2004）测算的 1984 ~ 2000 年美国上市企业股价信息含量的均值为 1.742。因此，与成熟市场相比，我国股票市场股价信息效率仍然偏低。

分年份股价信息含量的描述性统计见表 3 - 5。从均值来看，观察期内

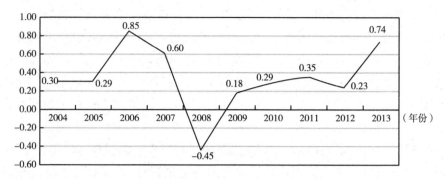

图 3 - 3　中国上市企业股价信息含量（均值）变化趋势：**2004~2013 年**

除 2008 年中国上市企业股价信息含量为负值以外，其他年份均为正值，其中 2006 年均值最大。结合最大值和最小值以及方差来看，2007 年股价信息含量离散程度偏高，而 2010 年离散程度较低。

表 3 - 5　　　　　　　　各年份中国上市企业股价信息含量描述性统计

年份	2004	2005	2006	2007	2008	2009	2010	2011	2012	2013
均值	0.30	0.29	0.85	0.60	-0.45	0.18	0.29	0.35	0.23	0.74
方差	0.62	0.57	0.69	0.78	0.63	0.60	0.52	0.59	0.66	0.62
最小值	-1.06	-1.07	-0.84	-2.90	-2.38	-1.19	-1.31	-1.15	-1.48	-0.81
最大值	4.17	3.17	4.84	5.96	4.08	5.38	4.72	5.92	4.95	4.50

资料来源：作者整理。

3.2.4　市场信息低效率制度方面成因探讨

3.2.4.1　转轨初期："企业本位"的制度供给

关于"企业本位"问题，许小年（2000）认为"证券市场的不完善之处，并非源于市场参与者的非理性，市场逻辑也是基本完整的，问题出在公理体系，中国证券市场的公理性似乎只有一个，证券市场是企业融资的渠道"。由于转轨初期市场制度环境，如国企股份减持背景、"水清则无鱼"的顾虑等，造成现阶段股票市场的制度缺陷，主要表现在以下五方面。

一是法律有漏洞可钻，比如大股东减持，市场长期普遍存在大股东解禁后无序减持、绕道规避减持限制性规则的行为。

　　二是律法强度不足。目前法律条款对相关违法行为量刑处罚较轻，不足以对违法行为起到震慑作用。由于犯罪成本远低于收益，致使不法分子为获取利益不惜铤而走险，故"老鼠仓"等现象频发，操纵市场行为"屡禁不止，花样层出"。比如关于内幕交易罪，我国刑法处五年以下或五年以上十年以下拘役或有期徒刑，处违法收益一至五倍的罚金；对于编造传播证券交易虚假信息罪，造成严重后果的，处五年以下拘役或有期徒刑，处罚金一万元以上十万元以下。而根据美国《萨班斯—奥克斯利法案》（Sarbanes-Oxley Act）规定，对内幕交易者最高的刑罚达 25 年监禁。这种重罪处罚提高了内幕交易成本，有效遏制了内幕交易和市场操纵。

　　三是行政干预下的新股发行申购制度。普通投资者非理性行为与市场"投机风气"的错误引导有直接关系，这导致价值投资无法归位。"投机风气"的产生在一定程度是由于市场制度缺陷造成的。随着经济转轨的推进，新股发行制度经历了核准制、审批制、询价制的制度变迁，但整体没有改变新股资源稀缺的局面。由于股市现在依旧属于投机市，新股流通值、估值低等特征使其成为最优的"投机标的"，成为投机者的"温床"，市场投机风气浓厚。在 A 股市场上，新股申购历来是"零风险，高回报"。另外，新股申购制度方面，经历了从 20 世纪 90 年代初的发号排队、认购证摇号，到后来网上申购，再到现在网下配售、网上申购相结合的变化，申购方式更加便捷化、多样化，为更多投资者参与申购提供了条件；但是并没有改变申购规则的资本主义性质，即投资者资本禀赋决定了申购数量的多少。最新的《申购规则》虽然不需要资金就可以申请配股，但申请数量与其持有 A 股市值成正比，普通投资者中签率依旧极低。这导致新上市流通股集中度过高而形成"垄断"，进而激励资本主义投机行为。

　　四是上市公司分红制度。除企业成长性以外，股利分红是投资者获得投资回报的重要途径，因此也是选择价值投资的重要动机。然而，在"企业本位"的制度环境中，中国上市企业分红意愿整体偏低，"掏空""铁公鸡"行为屡见不鲜。自 2001 年开始，证监会不断推出半强制分红政策以规范上市公司的分红行为①。尽管如此，半强制分红政策的实施效果还是引发

---

　　① 相关规定包括：《上市公司新股发行管理办法》（2001）、《关于加强社会公众股股东权益保护的若干规定》（2004）、《上市公司证券管理办法》（2006）、《关于修改上市公司现金分红若干规定的决定》（2008）。同时不断出台引导新规，如《上市公司监管指引第 3 号——上市公司现金分红》（2013）等。

了诸多争议。李常青等（2010）指出，该政策可能迫使那些确实需要再融资的公司为了获得再融资资格而不得不分红，但实际情况是不宜分红。同时，这种政策难以约束那些应该分红但没有再融资需求的公司。但整体而言，证监会通过这一系列政策一定程度提升了上市公司分红意愿。

五是信息披露制度。辜胜阻等（2016）指出，中国资本市场信息披露制度尚未完善、违规处罚不够严厉，资本市场存在大量信息披露造假及不充分、误导性信息披露等现象，增加了投资者怀疑心态，加重了投机氛围，致使股票市场有效性不高，而企业年度报告是违法违规的"高发地带"。

3.2.4.2 转轨中后期：制度的"后发劣势"

制度的"后发劣势"导致资本市场相关法律体系自动更新机制失灵，相关法律并不能对全部经济违法犯罪行为进行全面性、有效性的约束。美国证券法自1933年出台后，已修订了40多次。我国证券法主要效仿的是美国证券法，自1998年出台以来，只进行过3次修正、1次修订。2015年4月《中华人民共和国证券法（修订草案）》提请全国人大常委会进行了一审，证券法第二次大修启动，但由于市场异动而被迫推延。2017年4月24日，全国人大常委会第二次审议几经修改的《中华人民共和国证券法（修订草案）》。另外，完全照搬西方模式可能会"适得其反"。比如2015年股灾期间，在投机者大肆做空情况下，证监会临时采用了美国资本市场的"熔断机制"，反而强化了做空投机者势力，造成了更严重的股灾。

另外，中国证券投资文化严重滞后，普通投资者认知水平较低，更容易受到诱导性信息影响。同时，股市中国有性质企业的总市值占比较大，投资者对企业价值的预期与政府政策方向具有高度关联性，投机者可以借助政策消息大肆炒作，使得市场随政策变化而产生巨大波动。这种市场环境下，监管者职能对市场效率尤为重要。但目前监管者职能存在偏位，主要有以下原因。

一是现有监管部门组织结构难以及时发现市场不断涌现的隐蔽性违法违规行为。中国监管机构设立是一种自上而下的政令式的组织安排，且是一种分业经营监管体系，这种监管体系可能无法防止资金流入股票市场。巴曙松（2015）认为，当前我国按照机构类型进行分业监管，存在监管标准不一致等问题，易出现监管的真空地带，导致监管套利现象高发，造成隐性金融风险逐渐集聚。

二是监管意识偏离。制度设计是通过合理的制度安排来规范行为主体，其重要目的是"保护弱小者权利不受侵害"，因为权利优势一方可以用欺诈手段来牟取自身利益①。当前，监管部门不能及时发现惩处市场投机者违法违规行为，对中小投资者权益的保护力度不够。

三是监管者的监管问题。股市是能够创造亿万财富的市场，这使得企业为了上市而采取财务造假、寻租等行为。发行行政化使得 IPO 存在巨大的寻租空间。比如企业高管存在政治关联时，IPO 成功率明显高于其他企业，而这种企业业绩往往较差（胡旭阳和刘安超，2011）。2017 年"冯小树案"表明企业 IPO 领域存在巨大的寻租空间，寻租上市的企业不在少数。

四是重资金监管，治标不治本。由于实体经济投资风险大、挣钱慢，资金并不会流向实体经济，而是流向挣快钱、投机性的地方（林毅夫，2001）。股票市场之所以"来钱快"，根本原因在于市场信息效率低，投资者行为容易受到股价诱导性信号干扰，因此资金只需要快速拉升股价，寻找"接盘侠"就可以了。投机性市场环境下政府往往通过强化对资金流向的监管以控制金融风险。但我们应该了解真正的问题不在于资金，而在于资金持有者想方设法地使资金流向投机场所。正如爱弥儿·涂尔干哲学所述，人的行为是由无数的门和墙决定的，这同样适用于具有"思维"的资金。即使监管法规不断出台给资金建造一道道"墙"，但最终资金还是可以通过影子银行这一道道"门"流入股票市场等投机场所。就算监管部门将现有的"门"封堵上，但新的"门"还会不断更迭出现。

因此，现在问题的关键在于搞清楚是什么在驱使资金"脱实向虚"。很明显是因为股票市场"有利可图"，尤其是在当前的"投机市"背景之下，无风险利率与股权风险溢价率之间存在足够的空间，使实体经济与股票市场之间的"利益势差"大于其与实体经济的"利益势差"，资金更倾向于流入后者而使虚拟资本越来越偏离实体经济。2015 年杠杆牛市就是很好的例子。利益势差的产生是由于行为主体经济权利的差异，这决定了各行为主体的博弈关系，最终强势者剥夺弱势者利益而占为己有。只有政府意识到这点，并站在弱势者一方进行制度设计，才能消除这种经济权利差异，最终消灭投机行为。

---

① 权利差异具体为获取信息、制造信息的能力差异。行为主体经济权利取决于财富、政治资源等（诺德豪斯）。

第 4 章

股票市场的经济影响：基于股价信息效率经济后果的检验

从长尾理论来看，一级市场只是在某时段为企业提供融资，短期内对企业基本面的冲击较大，但二级市场长期累加影响才是关键。这种影响产生的重要微观基础是股价信息效率的经济后果。在现有市场信息效率水平下，中国股票市场的经济影响尚不清晰。现实情况是，即使是成熟资本市场，信息摩擦也会造成资源错配和总产出损失。大卫等（2016）研究发现股票市场信息摩擦造成中国经济发生 7% ~ 10% 的 TFP 损失和 10% ~ 14% 的总产出损失，而美国总产出损失仅为 2% 左右。

本章将对股价信息效率的经济后果（反馈效应、错误定价的影响）进行检验，以认清股票市场的经济影响。同时，相关检验也有利于判断中国股票市场信息效率水平。比如，本书在前文理论分析部分提供了一个初步判断 RPE 水平的方法，即：如果存在反馈效应，则股价启示效率（RPE）有效。

4.1 反馈效应、错误定价与企业投资效率

由前文论述可知，股价信息效率主要是通过影响企业决策者的投资行为来影响投资决策效率，进而产生经济后果，包括反馈效应和错误定价的影响。由于无法从股价信息效率与投资行为之间的关联性判断其经济后果

的优劣，故在此从投资效率维度对股价信息效率的经济后果进行检验。

4.1.1 计量设计

由股票市场的经济影响机制可知，决策者只会受股价信息效率"单方面"影响，企业投资效率同时受反馈效应和错误定价影响的可能性较小，在此分别建立计量模型，检验反馈效应、错误定价对企业投资效率的影响。

4.1.1.1 反馈效应检验模型

反馈效应对投资效率的影响机理在于，股价反馈的信息能够被上市企业接收，企业决策者据此调整投资决策，进而影响决策效率。鉴于此，本书以企业投资效率为被解释变量，以股价信息含量作为核心解释变量，模型如下：

$$\text{Xinvest}_t = \kappa_0 + \kappa_1 \text{information}_{t-1} + \kappa_2 \text{sex}_t + \kappa_3 \text{age}_t + \kappa_4 Q_{t-1} + \kappa_5 \text{cash}_{t-1}$$
$$+ \kappa_6 \text{Lev}_{t-1} + \kappa_7 \text{Size}_{t-1} + \kappa_8 \text{cyear}_t + \text{SOE} + \text{industry} + \text{year} + \varepsilon \quad (4-1)$$

4.1.1.2 错误定价影响检验模型

错误定价对投资效率的影响机理在于，股票价格脱离基本面后，对企业融资成本、现金流等方面产生影响，进而影响企业投资。但是这种影响是促进了企业投资效率，还是导致过度投资？还需要进一步检验。在此同样以企业投资效率作为被解释变量，以错误定价程度作为解释变量，模型如下：

$$\text{Xinvest}_t = \kappa_0 + \kappa_1 \text{False}_{t-1} + \kappa_2 \text{sex}_t + \kappa_3 \text{age}_t + \kappa_4 Q_{t-1} + \kappa_5 \text{cash}_{t-1}$$
$$+ \kappa_6 \text{Lev}_{t-1} + \kappa_7 \text{Size}_{t-1} + \kappa_8 \text{cyear}_t + \text{SOE} + \text{industry} + \text{year} + \varepsilon \quad (4-2)$$

模型（4-1）、模型（4-2）中，Xinvest_t为企业于 t 年内的投资效率；information_{t-1}为股价信息含量；False 为错误定价程度。

控制变量选取方面，借鉴以往文献，考虑管理者个人特征可能影响投资效率，故引入相关特征变量，包括性别（sex）和年龄（age）（管理者判断以 CEO、总经理、总裁等职位的人为准）；企业特征变量包括托宾 Q、现金流情况（cash）、资产负债水平（Lev）、企业规模（Size）、上市年限（cyear），以及所有制性质（SOE），所有制性质的判断标准是第一大股东是否为国有企业、集体单位和组织；引入行业虚拟变量（industry）和年份虚拟变量（year）分别控制行业效应和年份效应。

　　另外，基于"择时假说"，控股股东"择时行为"的时机和动机决定了错误定价的影响大小（时机和动机越充分，错误定价的影响越大），也影响了反馈效应。考虑上市年限越长，"择时行为"的时机越多；规模相对较小的企业溢价率较高，"择时行为"的动机越多；国有企业大股东战略性持股，"择时行为"的动机不足。因此，针对上市年限、企业规模、所有制性质三个维度对样本企业进行维度内分组回归①。

4.1.2　核心变量介绍与数据

4.1.2.1　投资效率（Xinvest）

　　本书借鉴了理查森（Richardson，2006）的模型估计 Xinvest，具体模型如下：

$$invest_{it-1} = a_0 + a_1 growth_{it-1} + a_2 Lev_{it-1} + a_3 cash_{it-1} + a_4 cyear_{it-1} + a_5 Size_{it-1}$$
$$+ a_6 returns_{it-1} + a_7 invest_{it-1} + year_t + industry_j + \varepsilon_{it} \qquad (4-3)$$

其中，invest =（资本支出 + 并购支出 − 出售长期资产收入 − 折旧）/总资产。资本支出为现金流量表（直接法）中的"购建固定资产、无形资产及其他长期资产的支出"项目；并购支出为现金流量表（直接法）中的"取得子公司及其他营业单位支付的现金净额"项目；出售长期资产收入为现金流量表（直接法）中的"处置固定资产、无形资产和其他长期资产收回的现金净额"项目，折旧为现金流量表（间接法）中的"当期折旧费用"；growth 为公司的投资机会，等于上期营业收入的增长率；Lev 为资产负债率；cash 为现金流水平，等于现金及现金等价物除以总资产；cyear 为公司成立年限；Size 为公司规模；returns 为公司股票年度回报，采用考虑现金红利再投资的年个股回报率。此外，模型还控制了年份效应（year）和行业效应（industry）。模型回归结果残差项绝对值 $|\varepsilon_{it}|$ 即为企业 i 于第 t 年内的投资效率的负向测度指标，该值越大投资非效率程度越高。

---

　　① 上市年限方面，根据企业上市年限是否大于样本均值将样本分为高龄组和低龄组；股权溢价方面，考虑小企业溢价率更高的事实，并根据每年企业总资产是否大于样本年内均值，将样本分为大企业组和小企业组；所有制性质方面，根据第一大股东是否为国有性质法人，将样本分为国有企业组和非国有企业组。

4.1.2.2　股价信息含量（inform）

本书采用第 2 章所介绍的方法，以 Fama-French 三因子模型测度股价非同步性。

4.1.2.3　错误定价（false）

如第 2 章介绍，以可操纵应计利润（DACCR）作为错误定价的代理变量。借鉴以往文献关于 DACCR 的测度方法（李君平和徐龙炳，2015；关伟和张晓龙，2017），采用修正 Jones 模型，分年份分行业估计可操作应计利润[①]。具体通过模型（4-4）获得参数估计值 $\hat{\alpha}_1$、$\hat{\alpha}_2$、$\hat{\alpha}_3$，然后利用公式（4-5）计算可操作应计利润。相关公式如下：

$$TA/Asset_{t-1} = \alpha_1/Asset_{t-1} + \alpha_2 \Delta REV_t/Asset_{t-1} + \alpha_3 PPE_t/Asset_{t-1} + \varepsilon \quad (4-4)$$

$$EM_t = TA_t/Asset_{t-1} - [\hat{\alpha}_1 1/Asset_{t-1} + \hat{\alpha}_2(\Delta REV_t - \Delta REC_t)/Asset_{t-1} + \hat{\alpha}_3 PPE_t/Asset_{t-1}] \quad (4-5)$$

其中，TA 为总应计利润项目，等于营业利润减去经营活动产生的现金净流量；Asset 为销售收入的增长；ΔREV 为应收账款的增长；PPE 为固定资产。EM 即为可操作应计利润，其值越大，错误定价程度越高。

4.1.2.4　变量处理、数据来源与描述性统计

由于部分变量数据的可获得性限制，在此选取 2007~2015 年 1083 家上市企业作为样本容量，而 ABSEM、$inform_{t-1}$、EM 等变量测度则需要用到 2006 年数据。股票日度交易数据、公司治理及财务指标等数据均来自 CSMAR 数据库。各变量均进行了 1% 和 99% 的缩尾处理（Winsorize）。部分变量回归时进行了数量级调整。

经验研究中所需的主要变量、变量定义与其测度方法以及变量值的相关描述性统计见表 4-1。这里全要素生产率（TFP）用两种方法测度，即 OP 法和 LP 法；CEO 性别和企业所有制性质用虚拟变量表示；为消除异方

[①] 本书在证监会行业分类标准（2012）基础上，将样本企业数量较少的行业并入相关性较高的行业，最终将样本企业分为 12 大类行业。

差将绝对指标（如企业规模等）取对数表示。

表4-1　　　　　　　　　　　　主要变量含义及描述性统计

变量	定义	测度方法	样本量	均值	方差	最小值	最大值
Xinvest	投资效率*100	模型（4-3）回归残差项绝对值$\lvert \varepsilon_{it} \rvert$	8903	6.85	6.39	0.00	56.45
inform	股价信息效率	股价非同步性，$\mathrm{Ln}\left[(1-R^2)/R^2\right]$	9476	0.34	0.69	-1.15	2.53
false	错误定价	非可操作应计利润，EM	9215	-0.12	0.23	-0.64	0.16
sex	CEO性别	男为1，女为0	9747	0.94	0.23	0.00	1.00
age	CEO年龄	Ln（CEO第t年内年龄）	9668	47.38	6.42	26	75
Q	托宾Q	托宾Q值	9747	1.76	1.87	0.20	11.69
cash	现金流情况	现金及现金等价物/总资产	9744	0.16	0.41	-0.47	2.87
Lev	资产负债水平	企业负债/总资产	9744	0.57	0.32	0.08	2.63
Size	企业规模	Ln（企业总资产）	9744	21.75	1.37	10.84	27.96
cyear	企业成立年限	Ln（第t年内企业成立年限）	9747	2.77	0.32	0	3.66
SOE	所有制性质	国有性质为1，其他为0	9747	0.66	0.47	0	1
first	控股股东持股水平	第一大股东持股比例	9747	0.36	0.16	0.09	0.75
invest	投资率	（资本支出+并购支出-出售长期资产收入-折旧）/总资产	9744	0.50	0.65	0.02	2.05
TFP_OP	全要素生产率	OP法测度的TFP水平值	9072	9.17	3.86	0.35	19.17
TFP_LP	全要素生产率	LP法测度的TFP水平值	9400	3.07	1.59	2.18	16.23
proxy	代理成本	管理费用/总资产	9673	-0.12	0.05	-0.40	0.57

4.1.3　实证过程与结果

4.1.3.1　分组合理性检验

前文分组的依据为：对于上市时间越长、规模越小的企业以及非国有性质的企业，其"择时行为"的时机或动力比较充分。在此，首先对分组合理性进行检验。具体思路是：考虑到控股股东"择时行为"时机和动机越充分，最终会表现出持股比例下降；据此对上市年限、股权溢价与所有制性质三个维度内控股股东持股特征进行检验，确认是否符合"择时行为"的最终表现，以检验分组合理性。检验模型如下：

$$first = \kappa_0 + \kappa_1 dummy\_syear + \kappa_2 dummy\_Size + \kappa_3 SOE + \sum \lambda_t year_t + \varepsilon_{it}$$

$$(4-6)$$

其中，first 为控股股东持股水平，以第一大股东持股比例衡量；dummy_syear 为上市年限虚拟变量，高龄企业组为 1，其他为 0；dummy_Size 为企业规模虚拟变量，大企业组为 1，小企业组为 0；SOE 为所有制性质虚拟变量，国有性质企业为 1；year 为年份虚拟变量。

将解释变量高龄企业（上市年限长）、小企业（股权溢价率高）、国有企业和时间变量与被解释变量控股股东持股水平进行计量回归，计量回归结果如表 4-2 所示。

各维度控股股东持股特征的检验结果表明：高龄企业控股股东持股比例显著小于低龄企业控股股东持股比例；大企业控股股东持股比例显著大于小企业；国有性质企业控股股东持股比例显著大于非国有性质企业。这说明"择机行为"的时机与动机较为充分的组别，如高龄企业、小企业及非国有性质企业，其控股股东持股比例较低，这与理论预期相符，可见如此分组比较合理。

另外，年份虚拟变量系数表明：随着上市年限增加，控股股东持股比例呈下降趋势。2006 年控股股东持股比例出现大幅下降，与股权分置改革有关。而 2013 年控股股东持股比例最低，说明控股股东持股比例随时间推进而出现下降。

表 4-2　　　　　　　控股股东持股特征检验结果（OLS）

变量	控股股东持股水平	控股股东持股水平	控股股东持股水平	控股股东持股水平	控股股东持股水平
高龄企业	-0.028 *** (0.003)	—	—	-0.026 *** (0.003)	—
大企业	—	0.017 *** (0.003)	—	0.012 *** (0.003)	—
国有企业	—	—	0.090 *** (0.003)	0.090 *** (0.003)	—
2005 年	—	—	—	—	-0.021 *** (0.007)

续表

变量	控股股东 持股水平	控股股东 持股水平	控股股东 持股水平	控股股东 持股水平	控股股东 持股水平
2006 年	—	—	—	—	− 0.064 *** (0.007)
2007 年	—	—	—	—	− 0.068 *** (0.007)
2008 年	—	—	—	—	− 0.066 *** (0.007)
2009 年	—	—	—	—	− 0.068 *** (0.007)
2010 年	—	—	—	—	− 0.069 *** (0.007)
2011 年	—	—	—	—	− 0.064 *** (0.007)
2012 年	—	—	—	—	− 0.064 *** (0.007)
2013 年	—	—	—	—	− 0.069 *** (0.007)
_cons	0.380 *** (0.002)	0.357 *** (0.002)	0.305 *** (0.003)	0.314 *** (0.003)	0.421 *** (0.005)
N	10830	10830	10830	10830	10830
R^2	0.008	0.003	0.073	0.081	0.021

注：first 为控股股东持股水平；括号内为 t 统计量； $*p<0.1$ ， $**p<0.05$ ， $***p<0.01$ 。

4.1.3.2 反馈效应检验

由于模型采用 $inform_{t-1}$ 滞后项作为核心解释变量，因此不再考虑内生性问题。按上市年限（高和低）、企业规模（大和小）和所有制性质（国有企业和非国有企业）分别进行分组回归，表 4 – 3 列示了反馈效应检验结果。

全样本回归结果表明， $inform_{t-1}$ 估计系数在 1% 显著水平下为正，说明股价信息含量越高，投资效率越低，这与国内部分文献结论"相悖"。其实不难解释，中国股票市场信息效率偏低，波动风险高，股价非同步性部分可能是噪音引起的（Roll，1988；张永任和李晓渝，2010）。也就是说，股价反馈的信息中存在一定比例的噪音，因此具有"误导性"，管理者过度关注反而会导致企业错失投资机会。这也是新兴国家资本市场不能引导优化资源配置的重要原因（Durnev，2004）。从这点看，反馈效应可能存在负向影响。

各维度企业分组回归结果表明：（1）低龄上市年限企业组 $inform_{t-1}$ 系

数显著为正，高龄上市年限企业组则不显著，可以解释为上市年限越长，控股股东"择机行为"的时机越多。同时，随着时间推进，管理者发现股价中有价值信息不多而不再关注（信息接收意愿下降），反馈效应变弱。（2）大企业组 $inform_{t-1}$ 系数显著为正，小企业组却不显著，可以解释为小企业错误定价程度更高，控股股东"择时行为"的动机更充分，反馈效应较弱。（3）国有性质企业组 $inform_{t-1}$ 系数显著为正，而非国有性质企业不显著，可以解释为国有性质企业大股东战略性持股，"择时行为"的动机不足，反馈效应较强。

以上结果说明，"择时行为"动机与时机越充分，错误定价的影响越大，管理者接收股价信息的意愿可能越低，反馈效应越弱。

表 4 - 3　　　　　　　　反馈效应检验结果：企业投资效率（OLS）

变量	上市年限		企业规模		所有制性质		全样本
	高	低	大	小	国有	非国有	
$inform_{t-1}$	0.222	0.467 ***	0.567 ***	0.074	0.364 **	0.298	0.335 ***
	(1.19)	(2.65)	(3.32)	(0.38)	(2.39)	(1.27)	(2.62)
sex_t	0.444	0.009	0.267	0.097	0.346	-0.165	0.130
	(0.92)	(0.02)	(0.54)	(0.21)	(0.79)	(-0.29)	(0.39)
age_t	-0.021	-0.004	-0.017	-0.007	-0.015	-0.008	-0.011
	(-1.21)	(-0.23)	(-1.11)	(-0.40)	(-1.03)	(-0.37)	(-0.90)
Q_{t-1}	0.172 **	0.194 **	-0.087	0.227 ***	0.142 **	0.253 ***	0.197 ***
	(2.41)	(2.57)	(-0.89)	(3.23)	(2.28)	(2.76)	(3.85)
$cash_{t-1}$	-0.258	0.310	0.301	-0.100	0.056	-0.028	0.004
	(-0.97)	(1.15)	(0.73)	(-0.44)	(0.28)	(-0.06)	(0.02)
Lev_{t-1}	0.702 **	0.611	-0.488	0.810 ***	1.176 ***	-0.239	0.671 ***
	(2.25)	(1.57)	(-0.86)	(2.73)	(4.09)	(-0.55)	(2.81)
$Size_{t-1}$	-0.310 ***	-0.033	-0.130	-0.291	-0.135 *	-0.272 *	-0.156 **
	(-2.96)	(-0.34)	(-1.16)	(-1.63)	(-1.67)	(-1.91)	(-2.22)
$cyear_t$	0.320	0.243	0.521 *	0.379	-0.089	1.617 ***	0.441 *
	(0.84)	(0.78)	(1.69)	(1.11)	(-0.34)	(3.52)	(1.92)
SOE	-0.945 ***	-0.125	-0.346	-0.737 ***	—	—	-0.537 ***
	(-4.03)	(-0.58)	(-1.57)	(-3.14)			(-3.36)
year	yes	yes	yes	yes	yes	yes	yes
industry	yes	yes	yes	yes	yes	yes	yes
_cons	11.525 ***	5.373 **	10.414 ***	9.694 **	6.000 ***	10.204 ***	7.489 ***
	(3.99)	(2.15)	(3.42)	(2.35)	(2.78)	(2.73)	(4.02)
N	3843	3820	3804	3859	5231	2432	7663

注：括号内为 t 统计量； * $p<0.1$， ** $p<0.05$， *** $p<0.01$。

4.1.3.3 错误定价影响检验

将错误定价变量滞后项变量 $false_{t-1}$ 作为核心解释变量置入模型，进行分组回归。表4-4列示了错误定价影响检验结果。全样本回归结果表明，$false_{t-1}$ 系数显著为正，说明错误定价程度越高，投资效率越低；说明错误定价导致了过度投资，而不是缓解投资不足。

表4-4 错误定价影响检验结果（OLS）

变量	上市年限		企业规模		所有制性质		全样本
	高	低	大	小	国有	非国有	
$false_{t-1}$	0.810	0.037	−0.230	0.059 **	0.227	0.047 *	0.047 **
	(1.27)	(1.57)	(−0.30)	(2.31)	(0.36)	(1.74)	(1.97)
sex_t	0.209	0.036	0.133	0.036	0.300	−0.297	0.031
	(0.43)	(0.08)	(0.27)	(0.08)	(0.69)	(−0.53)	(0.09)
age_t	−0.026	−0.003	−0.023	−0.006	−0.015	−0.011	−0.012
	(−1.53)	(−0.19)	(−1.46)	(−0.31)	(−1.06)	(−0.51)	(−1.07)
Q_{t-1}	0.181 **	0.229 ***	−0.086	0.235 ***	0.159 **	0.283 ***	0.218 ***
	(2.56)	(3.09)	(−0.87)	(3.38)	(2.56)	(3.14)	(4.31)
$cash_{t-1}$	−0.105	0.256	0.644	−0.141	0.019	0.261	0.038
	(−0.40)	(0.96)	(1.59)	(−0.62)	(0.09)	(0.57)	(0.20)
Lev_{t-1}	0.751 **	0.756 *	−0.597	0.872 ***	1.193 ***	−0.047	0.752 ***
	(2.41)	(1.95)	(−1.05)	(2.98)	(4.15)	(−0.11)	(3.18)
$Size_{t-1}$	−0.319 ***	−0.059	−0.134	−0.387 **	−0.154 *	−0.304 **	−0.180 **
	(−3.04)	(−0.62)	(−1.20)	(−2.16)	(−1.92)	(−2.14)	(−2.57)
$cyear_t$	0.506	0.144	0.584 *	0.398	−0.073	1.731 ***	0.482 **
	(1.33)	(0.47)	(1.89)	(1.17)	(−0.28)	(3.79)	(2.11)
SOE	yes	yes	yes	yes	yes	yes	yes
year	yes	yes	yes	yes	yes	yes	yes
industry	yes	yes	yes	yes	yes	yes	yes
_cons	11.492 ***	6.042 **	10.296 ***	11.457 ***	6.886 ***	10.533 ***	8.369 ***
	(4.04)	(2.42)	(3.30)	(2.72)	(3.24)	(2.78)	(4.56)
N	3874	3832	3806	3900	5274	2432	7706

注：括号内为 t 统计量；* $p<0.1$，** $p<0.05$，*** $p<0.01$。

各维度企业组的回归结果表明：（1）小企业组 false$_{t-1}$ 估计系数显著为正，而大企业组不显著，可以解释为小企业溢价率更高，控股股东择机套现的动机更充分，错误定价影响更大；（2）非国有性质企业组 false$_{t-1}$ 显著为正，而国有性质企业组不显著，可以解释为国有性质企业控股股东"择时行为"的动机不足，错误定价影响较小；（3）上市年限维度 false$_{t-1}$ 不显著，这应与交叉维度影响强弱的相互"抵消"有关。以上结论表明，"择时行为"动机越充分，错误定价影响越明显。结合表4-3结论可知，错误定价影响与反馈效应之间存在"此消彼长"关系，这符合股价信息效率只可能通过一种渠道影响投资决策的事实，说明检验结果较为可靠。

另外，表4-3和表4-4中托宾 Q 估计系数整体显著为正，表明托宾 Q 值增加会降低投资效率，这在一定程度上说明，在市场泡沫过高情况下，托宾 Q 值不再代表企业高成长性，而是意味着错误定价，进而导致企业过度投资与投资非效率①。这支持了错误定价影响检验结果。

4.1.3.4 多维分析：企业 TFP、决策者意愿与代理成本

进一步检验股票市场对企业 TFP、决策者意愿与代理成本等维度的影响，以寻求更多支持前述结论的证据。

1. 企业 TFP

无论是"学习效应"还是"激励效应"，较强的反馈效应通过传递有价值的信息，优化管理者决策而提升投资效率，并最终表现为 TFP 增长②。故在此以企业 TFP 为被解释变量，进一步检验反馈效应，模型如下：

$$
\begin{aligned}
TFP_t = {} & \kappa_0 + \kappa_1 inform_t + \kappa_2 inform_{t-1} + \kappa_3 inform_{t-2} + \kappa_4 first_t + \kappa_5 first_t^2 \\
& + \kappa_6 cash_t + \kappa_7 lev_t + \kappa_8 Size_t + \kappa_9 Q_{t-1} + \kappa_{10} cyear_t + SOE + industry \\
& + year + \mu_{it}
\end{aligned}
\tag{4-7}
$$

其中，TFP 为企业第 t 年内的全要素生产率；inform 为股价信息含量，考虑"学习效应"和"激励效应"的时滞性，在此同时引入 inform$_t$、inform$_{t-1}$ 与 inform$_{t-2}$，以捕捉股价信息对企业全要素生产率影响的相关证据。控制变量

---

① 以往文献往往将托宾 Q 作为错误定价的一个重要代理变量。

② 从意会型知识层面考虑，决策者通过观察和接收股价中的信息，将其转化成"意会型知识"，进而优化企业要素组合和决策效率，这本身就是微小的"改造式创新"，进而对企业 TFP 产生影响。

包括：（1）公司治理方面变量，如股权集中度（first 和 first^2）；（2）企业特征方面变量，如现金流情况（cash）、资产负债水平（Lev）、企业规模（Size）、托宾 Q（Q）及成立年限（cyear）。$\mu_{it} \sim (0, \delta^2)$，为残差项。

借鉴鲁晓东和连玉君（2012）的方法，基于生产函数的随机前沿参数模型测算得到企业 TFP 水平值，作为企业全要素生产率的测度指标。估计方法选取方面，考虑到采用 OLS 方法会面临"同时性"与"选择性"偏差问题，故本书选择 OP 和 LP 法分别测算企业 TFP 水平值（TFP_OP 和 TFP_LP）作为 TFP 的测度指标。另外，为处理"选择性"偏差，以第 t + 1 年内企业实际控制权是否发生重大变化（第一大股东是否变更）作为企业退出市场的判断标准。考虑各行业生产函数差异，分 12 类行业进行生产函数参数估计，以测算 TFP（残差值）。

考虑变量内生性问题，这里采用系统 GMM 对模型（4 - 7）进行估计。表 4 - 5 列示了检验结果（篇幅原因不再列出控制变量估计结果）。各维度企业组的回归结果表明：采用 TFP_OP 时，个别 inform 系数为负，其他均不显著；采用 TFP_LP 时，结果变化不大。这表明股价信息含量提升对企业 TFP 提升没有帮助，说明企业的"学习效应"和"激励效应"不复存在，一定程度支持了前文中关于反馈效应的检验结果。

表 4 - 5　　　　　　　　　　反馈效应检验：企业 TFP（系统 GMM）

变量	上市年限		企业规模		所有制性质	
	高	低	大	小	国有	非国有
	TFP_OP	TFP_OP	TFP_OP	TFP_OP	TFP_OP	TFP_OP
$inform_t$	- 0.126 （ - 1.55）	0.098 （1.37）	0.018 （0.23）	- 0.125 * （ - 1.65）	0.031 （0.51）	- 0.085 （ - 0.76）
$inform_{t-1}$	0.069 （1.30）	- 0.104 ** （ - 2.08）	- 0.007 （ - 0.13）	- 0.038 （ - 0.78）	- 0.051 （ - 1.23）	0.068 （1.02）
$inform_{t-2}$	0.027 （0.65）	- 0.036 （ - 0.96）	- 0.062 （ - 1.54）	0.098 ** （2.44）	- 0.051 （ - 1.53）	0.058 （1.06）
AR（1）	0.038	0.019	0.027	0.037	0.021	0.026
AR（2）	0.212	0.321	0.315	0.427	0.443	0.234
Sargan	0.321	0.132	0.278	0.209	0.41	0.313
	TFP_LP	TFP_LP	TFP_LP	TFP_LP	TFP_LP	TFP_LP
$inform_t$	0.002 （0.21）	- 0.006 （ - 0.61）	0.009 （1.15）	- 0.016 （ - 1.32）	0.003 （0.34）	- 0.010 （ - 0.70）
$inform_{t-1}$	- 0.006 （ - 0.85）	- 0.016 ** （ - 2.18）	- 0.001 （ - 0.17）	- 0.015 ** （ - 2.01）	- 0.011 ** （ - 2.06）	- 0.001 （ - 0.09）

变量	上市年限		企业规模		所有制性质	
	高	低	大	小	国有	非国有
	TFP_OP	TFP_OP	TFP_OP	TFP_OP	TFP_OP	TFP_OP
$inform_{t-2}$	−0.004	−0.006	−0.008**	0.001	−0.007	−0.003
	(−0.77)	(−1.02)	(−2.00)	(0.15)	(−1.48)	(−0.45)
N	3860	3862	3835	3887	5227	2495
AR (1)	0.023	0.013	0.032	0.043	0.021	0.017
AR (2)	0.312	0.323	0.412	0.257	0.243	0..434
Sargan	0.221	0.371	0.279	0.251	0.413	0.198

注：括号内为 t 统计量；*p<0.1，**p<0.05，***p<0.01。

2. 决策者意愿

错误定价影响产生的一个深层次原因是"决策者意愿的改变"。错误定价程度过高，控股股东利益获取渠道发生转变，将削弱其"改善基本面"的意愿。虽然这种决策者的"意愿"很难直接测度，但可以从决策者行为中捕捉到相关信息。比如，决策者"意愿"越强，则决策者通过各种手段增加投资的努力程度越大。其中，较为常见的手段是决策者通过"盈余管理"实现投资最大化。研究表明，盈余管理程度与企业投资率往往成正比，如尼克尔斯和司徒本（McNichols & Stubben, 2008）认为盈余管理程度越高，过度投资风险越大。若决策者"意愿"越强，通过盈余管理实现投资最大化的努力程度越高，投资—盈余管理敏感度越大。鉴于此，本书以投资—盈余管理敏感度分析各维度决策者意愿差异。"敏感度"检验模型如下：

$$invest_t = \kappa_0 + \theta ABSEM_{t-1} + \kappa_1 Q_{t-1} + \kappa_2 TFP_{t-1} + \kappa_3 Size_{t-1}$$
$$+ SOE + industry + year + region \qquad (4-8)$$

其中，invest 为企业投资率；ABSEM 为盈余管理程度，借鉴刘慧龙（2014）的方法，以可操作应计利润（EM）的绝对值衡量，该值越大，盈余管理程度越高；TFP 为企业全要素生产率，以 TFP_OP 值衡量；region 为地区虚拟变量（东中西）；θ 估计值即为投资—盈余管理敏感性指数。

国有性质企业代理问题较严重，管理者"改善基本面"的意愿弱于其他所有制性质企业。在此，首先分析所有制性质维度内各企业组检验结果是否符合预期，以判断投资—盈余管理敏感性指数 θ 值（在模型中为盈余管理程度变量 ABSEM 滞后期的估计系数）的合理性。

表4-6列示了决策者意愿检验结果。企业所有制性质维度的回归结果表明：非国有性质企业组的 θ 值（即盈余管理程度变量的滞后项 $ABSEM_{t-1}$ 的回归系数）显著为正，而国有企业组的 θ 值则不显著。这与预期相符，说明以 θ 值作为决策者"意愿"的代理变量是比较合理的。其他维度企业组的回归结果表明：（1）低龄企业组的 θ 值显著为正，而高龄企业组的 θ 值不显著，说明低龄企业的决策者"改善基本面"的意愿更强；（2）大企业组的 θ 值显著为正，而小企业组的 θ 值不显著，说明大企业决策者"改善基本面"的意愿更强。

以上结论说明受错误定价影响越大的企业，管理者"改善基本面"意愿越弱，这支持了"错误定价导致投资效率下降"的结论。同时也说明，随着错误定价影响增强，决策者"改善基本面"的意愿正逐渐受到"侵蚀"。

表4-6 决策者意愿检验结果（OLS）

变量	上市年限		企业规模		所有制性质	
	高	低	大	小	国有	非国有
$ABSEM_{t-1}$	0.048	0.007 *	0.281 **	0.006	0.059	0.010 **
	(0.83)	(1.84)	(2.07)	(1.40)	(1.07)	(2.24)
Q_{t-1}	-0.715	0.940	1.417	-1.128	1.853 *	-1.010
	(-0.60)	(0.74)	(0.90)	(-0.99)	(1.73)	(-0.69)
TFP_OP_{t-1}	29.728 ***	39.503 ***	34.840 ***	32.992 ***	39.071 ***	24.420 ***
	(5.70)	(7.60)	(7.15)	(6.10)	(8.23)	(4.15)
$Size_{t-1}$	-28.073 ***	-25.301 ***	-20.571 ***	-30.110 ***	-25.110 ***	-25.282 ***
	(-16.79)	(-16.12)	(-11.10)	(-11.41)	(-18.66)	(-11.51)
SOE	52.034 ***	31.320 ***	46.589 ***	38.216 ***	—	—
	(13.06)	(8.24)	(12.08)	(9.66)		
year	yes	yes	yes	yes	yes	yes
industry	yes	yes	yes	yes	yes	yes
region	yes	yes	yes	yes	yes	yes
_cons	1355.970 ***	1293.218 ***	1190.551 ***	1387.039 ***	1333.821 ***	1289.234 ***
	(32.64)	(35.10)	(25.61)	(24.34)	(40.89)	(24.89)
N	3890	3815	3806	3899	5252	2453

注：括号内为 t 统计量；* $p < 0.1$，** $p < 0.05$，*** $p < 0.01$。

3. 代理成本

正如前文所述，股票市场可能通过信息或非信息渠道缓解企业代理问题。信息渠道的作用机理是，股价能够汇总并反馈管理者"企业利益最大化行为"相关信息，对管理者行为产生"激励效应"。非信息渠道的作用机理是，股价信息高效率有利于企业股票业绩型契约设计，减少管理者机会主义行为，进而降低代理成本。为深入检验相关问题，在此建立以下检验模型：

$$proxy_t = \kappa_0 + \kappa_1 inform_t + \kappa_2 inform_{t-1} + \kappa_3 first_t + \kappa_4 first_t^2 + \kappa_5 cash_t$$
$$+ \kappa_6 Lev_t + \kappa_7 Size_t + \kappa_8 Q_{t-1} + \kappa_9 cyear_t + industry + year + \mu_{it}$$

$$(4-9)$$

其中，proxy 为代理成本，以管理费用率衡量。由于股价信息效率与激励契约有效性存在正向关系（苏冬蔚和熊家财，2013），在此引入 $inform_t$ 作为激励契约有效性的代理变量。考虑"激励效应"很大程度上具有滞后性，在该计量模型中引入 $inform_{t-1}$ 变量以捕捉相关信息。

表 4-7 列示了代理成本检验结果。各维度企业组的实证回归结果表明：$inform_t$ 变量对应的回归系数整体上显著为负，说明当期股价信息效率提升会减少代理成本。可以解释为，股价信息效率越高，企业设计股价业绩型契约可能性和有效性越大，企业代理成本降低。国有性质企业组的 $inform_t$ 变量回归系数则不显著，说明该现象与企业内部治理结构不合理且难以设计有效业绩契约有关。另外，$inform_{t-1}$ 变量回归系数整体上不显著，说明针对企业的"激励效应"不存在，与前文结论相符。

表 4-7 代理成本问题检验结果（系统 GMM）

变量	上市年限		企业规模		所有制性质	
	高	低	大	小	国有	非国有
$inform_t$	-0.002**	-0.002***	-0.002***	-0.003***	-0.001	-0.002*
	(-2.02)	(-2.72)	(-2.71)	(-2.85)	(-1.55)	(-1.91)
$inform_{t-1}$	0.001	-0.000	-0.000	0.000	0.001***	-0.001
	(0.92)	(-0.48)	(-0.18)	(0.43)	(2.77)	(-0.74)
sex	-0.003	0.009***	0.001	0.003	0.007***	-0.005
	(-1.12)	(3.10)	(0.19)	(1.18)	(2.92)	(-1.40)
age	-0.000	0.000	0.000	-0.000	0.000	-0.000
	(-0.21)	(0.97)	(0.87)	(-0.54)	(1.02)	(-0.01)
first	-0.049	-0.117***	-0.080***	-0.070**	-0.106***	-0.079**
	(-1.35)	(-4.28)	(-2.77)	(-2.04)	(-4.01)	(-1.96)
$first^2$	0.036	0.113***	0.071**	0.061	0.126***	0.040
	(0.85)	(3.56)	(2.13)	(1.47)	(4.14)	(0.82)
cash	-0.015***	-0.013***	-0.010***	-0.015***	-0.012***	-0.018***
	(-8.63)	(-8.32)	(-4.42)	(-10.05)	(-9.85)	(-6.80)
Lev	0.001	-0.008***	0.001	-0.001	-0.004**	0.001
	(0.47)	(-3.00)	(0.14)	(-0.66)	(-2.29)	(0.18)

续表

变量	上市年限		企业规模		所有制性质	
	高	低	大	小	国有	非国有
Size	0.002 **	0.003 ***	0.003 ***	0.001	0.003 ***	0.001
	(2.32)	(3.86)	(3.71)	(0.74)	(4.92)	(0.57)
L.Q	−0.000	−0.000	0.001	−0.001 **	0.001 ***	−0.001 ***
	(−0.92)	(−0.10)	(1.50)	(−2.19)	(3.17)	(−2.85)
cyear	−0.001	−0.002	−0.001	−0.002	0.001	−0.005 ***
	(−0.65)	(−1.54)	(−0.83)	(−1.34)	(0.75)	(−2.80)
year	yes	yes	yes	yes	yes	yes
industry	yes	yes	yes	yes	yes	yes
N	3860	3862	3835	3887	5227	2495
AR (1)	0.043	0.023	0.032	0.037	0.041	0.037
AR (2)	0.412	0.723	0.612	0.373	0.275	0..534
Sargan	0.211	0.182	0.271	0.413	0.175	0.314

注：括号内为 t 统计量；$* p < 0.1$，$** p < 0.05$，$*** p < 0.01$。

4.2　企业研发行为视角下反馈效应存在性再检验

从前文关于企业投资效率、TFP 以及代理成本等方面的计量模型检验结果来看，反馈效应是不存在的。主要原因在于，反馈效应只是一种间接影响，股价反馈的信息只是全部决策投入变量中的一小部分，即使被企业接收，也不一定能够对企业绩效产生影响。以往文献多以股价信息与企业投资行为关联性作为反馈效应存在的判断标准。值得一提的是，在信息低效率市场环境中，若企业投资行为造成的信息冲击较弱，则有关信息就不一定能成功注入股价，反馈效应也就无法显现。只有从对基本面冲击较大的投资行为角度进行探讨，才有可能捕捉到反馈效应存在的相关证据。

企业研发投入属于高风险高回报的投资行为，其长期价值对基本面冲击较大。而股价反馈的信息往往具有启示性，可以使企业提前获知研发决策是否正确。金姆（Kim，2011）分析了"小数点制改革"对美国证券市场的外部冲击，实证结果证明了流动性提升可减弱企业 R&D 支出，这与 CEO 被炒现象之间呈现负相关性，并认为股价信息效率使得企业 R&D 长期价值相关信息更充分地注入股价中，进而激励研发行为。在我国经济增长模式向创新驱动转换背景下，企业研发激励也是重要的议题。

关于股票市场对企业研发行为的非信息渠道影响，在融资约束方面，如 IPO 或者股市泡沫有利于企业缓解融资约束，进而促使企业加大研发投入；在董事会构成方面，引入独立董事有利于降低外部信息不对称而发掘新的投资机会（Pearce，1991）。激励契约假说认为股权激励契约能够提高管理者的风险承受能力，因此会加大研发投入（Acemoglu，1997）。贝洛克（Belloc，2002）认为高水平的公司治理有利于企业建立自主创新的长效机制。另外，组织学习、组织惯例也会增加企业研发投入（Greve，2003）。外部因素方面，如技术机会、竞争地位、需求增长或潜在利润都能导致更高的研发投入。

综上，本节通过检验股价信息含量提升是否会激励上市企业研发行为，作为反馈效应存在的判断标准。由于《企业会计准则第 30 号——财务报表列报》等要求企业披露开发支出的准则于 2007 年 1 月 1 日起才开始实施，基于数据可获得性，本书选取 2007 ~ 2012 年中国 A 股 38 家上市企业平衡面板数据为样本数据，分析观察期内股价信息含量对上市企业研发强度的定量与定性影响。

本节主要结构如下：（1）理论分析反馈效应形成机理，探讨反馈效应形成过程中，信息生成、传递到接收三个关键环节中的影响因素，根据理论分析提出相应假说；（2）计量设计与数据；（3）实证检验与分析。

4.2.1 理论分析

"激励效应"是反馈效应的一种重要表现形式。其产生的过程是通过股票价格对管理者"企业利益最大化"行为相关信息加以汇总并反馈之后，能够对管理者行为产生"激励"作用。在此以企业研发作为"信息生成事件"，分析这种反馈效应的产生过程。

4.2.1.1 企业研发行为维度的反馈效应产生机理

股票价格是企业未来价值相关信息的汇总。对企业未来价值产生影响的信息都会通过投资者交易嵌入股价。企业研发投资具有"高风险高收益"特点，其长期价值对未来基本面的冲击大于其他生产性投资，尤其是对于技术密集型企业而言更是如此。因此，投资者具有更强烈的动力去搜集相关信息以对研发的长期价值进行预判，并通过交易将信息注入股价之中，进而影响股价走势。比如股价整体呈向上趋势则表明投资者对未来价值预期向好。这本身也是研发长期价值嵌入股价的过程。这种"对研发长期价值看好（或看坏）"的信息进一步反馈给管理者，将影响其下一步的研发决策。如股票价格不能够反馈研发长期价值，董事会可能会因研发投入所产生的短期业绩下降而对管理者进行问责。

4.2.1.2　企业研发长期价值

由理论分析部分中的股价启示效率（RPE）影响因素可知，信息生成、中间传递与接收三个环节的影响因素均能影响反馈效应。

（1）研发长期价值的大小影响信息生成。投资者对研发长期价值的预期直接影响嵌入股票价格的信息强弱。而投资者对研发长期价值的判断，受上市企业相关披露信息与分析师的报告影响。若研发费用透明度低，投资者或分析师不能准确对企业创新决策效率进行预判，研发长期价值对股票价格的冲击则偏小。

2007年新《会计准则》实施后，上市企业才逐渐规范披露研发相关信息，且以披露研发的总费用为主，研发费用结构、研发明细等信息透明度依旧较低。而企业研发的高风险来自研究阶段，需要耗费大量的人力、物质资源，存在较高的不确定性。单纯地披露研发总费用不能为投资者提供足够的信息对研发长期价值进行准确判断，这种情况下研发长期价值相关信息嵌入股价的比例也偏低。另外，根据《财政部国家税务总局关于研究开发费用税前加计扣除有关政策问题的通知》《中华人民共和国企业所得税法》《中华人民共和国企业所得税法实施条例》《中共中央国务院关于深化科技体制改革加快国家创新体系建设的意见》等有关规定，研发支出费用可纳入税前加计扣除范围。此后，政府鼓励企业研发活动的相关政策不断出台，在此背景下，企业为获得政府补贴而伪造研发费用的可能性增加，这使投资者对企业研发数据的信任度下降。企业研发费用明细的不透明加重了企业—投资者之间的信息不对称，造成投资者对企业研发行为的不敏感，研发长期价值对股价影响偏小，研发长期价值很难嵌入股价信息中，股价反馈效应也较低。

（2）企业研发目的影响研发长期价值。制造业企业研发的目的在于生产工艺的完善以及产品质量的提升，有利于提升产品竞争力和盈利能力，对基本面产生正向预期冲击。而对于非制造业企业，研发项目更多集中于内部管理体系创新或设备创新，研发目的在于降低经营成本，对企业市场竞争力提升效果存在不确定性。另外，从制造业内部差异来看，低技术门槛企业研发项目只集中在产品外形、生产工艺等方面，新技术可复制性高，不会对产品市场优势、企业市场占有率等产生实质性影响，研发长期价值较低；而高技术门槛企业创新项目集中在产品升级与产品多样性方面，技术可复制性低，对企业产品竞争力与市场占有率影响显著，研发长期价值较高。整体而言，以提升生产工艺与产品质量为目的的开发支出更有利于企业基本面改善，投资者更容易相信"研发投资会改善基本面"的预期，研发长期价值相关信息嵌入股价的比例就高，反馈效应就更明显，进而激励管理者加大企业研发强度。

（3）股价信息含量高低影响信息传递。股价信息含量越高，意味着企业研发长期价值越有可能嵌入股价，进而提高董事会对于管理者研发决策造成的短期业绩波动的容忍度，管理者被解雇的风险减少，从而提高管理者的研发风险偏好，对企业研发行为产生激励。若股价信息含量较低，那么企业研发长期价值就不能充分嵌入股票价格，董事会对研发决策造成的短期业绩波动进行问责的可能性会增加，使管理者研发风险偏好下降。

4.2.1.3 委托代理问题可能影响反馈信息的接收

当管理者不以"企业利益最大化"为目的时，即使股价对研发长期价值进行了充分汇总，管理者也可能选择不接收反馈信息，但这种情况较少见。主要有以下原因。

（1）完全合同理论认为委托方不但可以预期到未来或然事件，而且可以识别代理人的风险偏好差异，从而设计出恰当的合同，加之第三方（尤其是法院）帮助，合同能够得到很好的执行，委托代理问题将被解决（Hart，1987）。

（2）即使存在代理风险，业绩压力同样使得管理者偏向于遵循"企业利益最大化"的原则。期望绩效假说认为公司实现或超越分析师预期时，公司股票价格上涨，管理者个人的财富增加，管理者被解雇的风险则会降低（Finkelstein，2008）。反之，一旦企业实际绩效低于资本市场绩效期望，公司股票价格大幅下跌，总经理薪酬减少并且离职率增加（Farrell，2003）。企业研发属于高风险投资，期望绩效通过影响股价涨跌影响管理者行为进而影响企业研发投入。如王菁（2014）分析发现中国上市企业业绩低于期望业绩之后会使企业研发投入增加。因此，无论是从合同，还是业绩压力等方面考虑，管理者制定研发行为更倾向于遵循"企业利益最大化"原则。

综上，从企业研发行为角度来看，反馈效应的实现要经历以下过程：研发长期价值嵌入股票价格，股票价格反馈相关信息后被管理者接收，激励其采取更积极的研发决策，企业研发强度增加。其中，股价信息含量、研发长期价值是反馈效应生成的核心影响因素。据此，本书提出以下假说：

假说 H：股价信息含量增加能够促进企业研发强度，产生反馈效应。各类型企业由于研发长期价值的不同，反馈效应强弱也不同。

4.2.2　计量设计与数据

4.2.2.1　模型建立

基于理论分析与假说，计量设计思路如下：（1）通过分析股价信息含量提升是否会影响企业研发强度，以检验反馈效应的存在性；（2）通过各类型反馈效应强弱对比，分析其是否符合实际，以确保结论稳健性。另外，考虑企业研发属于跨期投资，反馈效应不仅影响期间 t 的研发强度，也会影响期间 t + 1 的研发强度，在此同时对以上影响进行检验。计量模型如下：

$$
\begin{aligned}
\text{innovation}_{it} = {} & \kappa_0 + \kappa_1 \text{information}_{it} + \kappa_2 \text{information}_{it-1} \\
& + \kappa_3 \text{first}_{it} + \kappa_4 \text{duli}_{it} + \kappa_5 \text{ROA}_{it} + \kappa_6 \text{fuzhai}_{it} + \kappa_7 \text{SOE}_i \\
& + \sum \lambda_j \text{hangye}_j + \sum \lambda_r \text{region}_r + \sum \lambda_t \text{year}_t + \mu_{it} \quad (4-10)
\end{aligned}
$$

其中，inovation_{it} 为企业 i 在 t 年的研发强度；information_{it} 为企业 i 在 t 年的股价信息含量。由于样本量有限，参考企业研发相关文献，选取部分重要影响因素作为控制变量，具体包括：股权集中度（first）、董事会结构（duli）、盈利能力（ROA）、负债水平（fuzhai）、企业规模（size）、企业性质（SOE）等。另外，各行业企业创新需求不同决定了行业研发支出水平的差异，在此引入行业虚拟变量以控制行业效应（hangye）；引入地区（东中西）虚拟变量，以控制开放程度、经济发展水平及其他区域性宏观因素等地区效应（region）；引入年份虚拟变量以控制年份效应（year）。μ_{it} 为随机扰动项。

4.2.2.2 核心变量介绍与数据

1. 企业研发强度

在此选择开发支出（期初数与期末数均值）占营业收入的比重衡量企业研发强度。主要有以下考虑：企业研究阶段存在较大风险，研究失败后会造成较高的损失，会使投资者产生"研究不一定能成功"的顾虑。因此，开发支出相比研发支出，其长期价值更可能嵌入股价，而产生反馈效应。现实情况也表明，只有大型企业能够承担研究阶段的高风险，中小企业更多地选择专利转让、技术合作、技术外包等形式获取新技术，而这些支出划归开发支出。

《企业会计准则第30号——财务报表列报》等要求企业披露开发支出的准则于2007年1月1日起实施后，上市企业才开始披露开发支出。在此，将观察期设定为2007～2012年。

如表4-8所示，观察期内样本企业开发支出情况表明，披露开发支出的企业数量自2007年逐年增加，由73家增加到2012年的124家，但占整体上市企业总数的比重偏低。开发费用方面，2007年相关企业开发费用均值为2790万元，2008年与2007年相比略有上升，但2009年急剧下滑至1810万元，这与2008年金融危机爆发后企业盈利及现金流水平下降有关。但2010年后开发支出均值不断提高，且呈快速增长趋势，2012年达到5500万元，这与国家不断出台创新激励政策有关，且一定程度说明企业创新活力被激发。

表4-8　　　分年度上市企业开发支出披露情况（2007～2012年）

年份	样本量	均值（万元）	标准差	最小值（万元）	最大值（万元）
2007	73	2790.0	8510.0	0.8	60500.0
2008	91	2870.0	9310.0	2.3	70700.0
2009	109	1810.0	4170.0	0.3	24200.0
2010	111	2650.0	10200.0	1.0	102000.0
2011	117	3850.0	10800.0	0.6	65400.0
2012	124	5500.0	21600.0	0.7	216000.0

注：数据源自CSMAR数据库。

2007～2012年上市企业分产业的开发支出额描述性统计结果见表4-9。由表4-9可以看出，在披露开发支出的企业数量方面，资本密集型产业相关企业数量最多，由 2007 年的 22 家增长到 2012 年的 65 家。资本密集型企业融资约束小，且生产工艺完善、设备更新及产品升级需要持续不断的开发投入。技术密集型产业相关企业数量增加较快，由 2007 年的 10 家增长到 2012 年的 32 家。技术密集型企业创新是其在市场中保持竞争力的前提保障，相关企业数量快速增加说明高端装备制造业正快速发展。2007～2012年生产性服务业相关企业数量变化不大，主要原因在于生产性服务业相关企业创新可能更多地在于组织管理创新、设备更新等，其目的是降低运营成本，所以市场结构没有太大变化。从开发费用均值看，创新投入较大的产业为生产性服务业和技术密集型产业。2007 年生产性服务业开发费用均值为 5830 万元，2009 年出现低谷，但 2010 年开发费用迅速攀升达到 7250元。从 2007～2012 年高新技术产业开发支出均值变化情况看，2009 年同样进入低谷期，但 2011 年开始出现大幅反弹，2012 年达到 13000 万元，远高于其他产业。这也说明在高端制造业快速发展趋势下，研发规模不断扩大。

表 4-9　　　　　　分产业上市企业开发支出（2007～2012 年）

行业 ID	2007 年		2008 年		2009 年		2010 年		2011 年		2012 年	
	企业数	均值（万元）	企业数	均值（万元）	企业数	均值（万元）	企业数	均值（万元）	企业数	均值（万元）	企业数	均值（万元）
1	4	138.4	4	193.2	6	380.0	4	746.1	4	66.0	4	145.3
2	2	1200.0	3	1710.0	3	856.3	3	131.5	2	207.7	3	622.0
3	6	2880.0	11	566.3	16	2230.0	17	401.5	20	911.7	21	1040.0
4	22	2360.0	36	2160.0	51	1710.0	51	1290.0	61	3860.0	65	4720.0
5	10	4190.0	11	6570.0	21	3930.0	22	3430.0	24	9080.0	32	13000
6	5	1150.0	5	2360.0	7	2770.0	8	1720.0	8	152.5	10	574.0
7	2	2660.0	2	3020.0	2	5480.0	2	4730.0	2	1830.0	3	1090.0
8	15	5830.0	23	6730.0	28	1610.0	27	7250.0	27	5410.0	25	7330.0
9	2	244.8	3	263.0	2	1670.0	4	2360.0	5	1580.0	4	4390.0
10	7	536.8	11	436.9	12	464.7	12	1010.0	16	551.2	21	1300.0
11	1	108.9	1	240.2	2	346.3	2	40.0	2	290.1	2	490.8
12	1	4190.0	3	1500.0	6	149.7	6	380.5	7	2350.0	2	7480.0

注：1 为农林牧渔；2 为采矿；3 为劳动密集型；4 为资本密集型；5 为技术密集型；6 为电力热力生产和供应；7 为建筑业；8 为生产性服务业；9 为信息传输、软件和信息技术服务；10 为教育文化娱乐；11 为公共服务类；12 为综合。

资料来源：CSMAR 数据库。

2. 股价信息含量（information）

在此，绘制散点图对股价信息含量与企业研发强度之间的关系进行初步判断。图 4-1 显示，股价信息含量与企业研发强度（观察期内均值）之间存在正向线性相关关系，与理论预期相符。

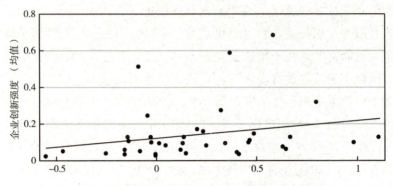

图 4-1   股价信息含量—企业研发强度拟合关系

4.2.2.3   数据来源与变量描述性统计

考虑上市企业开发支出相关数据的可获得性，本书采用 2007～2012 年 38 家企业样本数据。个股日交易数据、开发支出，以及财务指标等数据，均来自 CSMAR 数据库，各变量均进行了 1% 缩尾处理。具体描述性统计见表 4-10。

表 4-10   **变量描述性统计**

变量	含义	测度方法	样本量	均值	方差	最小值	最大值
innovation	研发强度	开发支出/营业收入	224	-3.24	2.35	-11.10	3.58
information	股价信息含量	$\text{Ln}\ (1-R^2)\ /R^2$	222	0.21	0.65	-1.63	2.83
first	股权集中度	第一大股东持股比例	228	0.34	0.14	0.08	0.65
duli	董事会结构	独立董事人数/董事会人数	225	0.37	0.05	0.29	0.55
ROA	盈利能力	总资产净利润率	228	0.02	0.06	-0.31	0.38
fuzhai	负债水平	资产负债率	228	0.53	0.20	0.05	1.02
size	企业规模	Ln（总资产）	228	21.64	1.43	17.47	25.40
SOE	企业性质	国有企业为 1，其他为 0	228	0.69	0.46	0	1

4.2.3　实证检验与结果分析

4.2.3.1　全样本分析

通过全样本回归分析，检验股价信息含量对企业研发强度的影响，回归结果见表 4 - 11。考虑内生性问题，表 4 - 11 中列（1）和列（2）分别采用 OLS 与工具变量法（2SLS，工具变量选择 $information_{t-1}$）回归，单独检验期 t 股价信息含量（$information_t$）对研发强度的影响。列（3）单独检验期 t - 1 股价信息含量（$information_{t-1}$）对研发强度的影响。列（4）为同时加入 $information_t$、$information_{t-1}$ 进行回归。

表 4 - 11　　　　　　　　　　反馈效应检验：企业研发（全样本）

变量	（1）	（2）	（3）	（4）
$information_t$	0.513 * (1.74)	1.745 ** (2.04)	—	0.331 (1.05)
$information_{t-1}$	—	—	0.513 * (1.88)	0.506 * (1.62)
first	0.218 (0.16)	-0.118 (-0.08)	0.428 (0.32)	0.315 (0.23)
duli	8.186 ** (2.41)	9.478 ** (2.60)	7.885 ** (2.38)	8.157 ** (2.41)
ROA	-11.937 *** (-4.06)	-13.466 *** (-4.17)	-11.466 *** (-3.99)	-11.836 *** (-4.04)
fuzhai	-1.390 (-1.54)	-1.384 (-1.47)	-1.387 (-1.58)	-1.421 (-1.58)
size	-0.074 (-0.60)	-0.143 (-1.04)	-0.074 (-0.61)	-0.074 (-0.60)
SOE	-1.816 *** (-3.77)	-1.832 *** (-3.63)	-1.889 *** (-4.03)	-1.871 *** (-3.89)
hangye	yes	yes	yes	yes
year	yes	yes	yes	yes
region	yes	yes	yes	yes
_cons	-5.301 * (-1.74)	-4.802 (-1.50)	-5.407 * (-1.82)	-5.579 * (-1.84)
N	215	215	221	215
model	OLS	IV	OLS	OLS

注：括号内为 t 统计量，* p < 0.1，** p < 0.05，*** p < 0.01。

列（1）、列（2）回归结果表明，OLS 与 2SLS 估计系数显著性与正负性相同，分别为 0.513（P < 0.1）和 1.745（P < 0.05），说明内生性对回归结果稳健性影响不大。$information_t$ 估计系数显著为正，说明当期股价信息含量优化提升了企业研发强度，产生了"激励效应"。列（3）中 $information_{t-1}$ 估计系数为 0.513（P < 0.1），说明 $t-1$ 期股价信息含量优化也促进了企业研发强度，同样存在"激励效应"。列（4）中，$information_t$ 变得不显著，而 $information_{t-1}$ 显著为正（0.506，P < 0.1），说明 $t-1$ 期股价信息含量提升对企业研发的激励效应更强。

整体而言，企业研发的反馈效应存在，并且受 $information_{t-1}$ 影响程度更高。该结论说明，股价信息含量越高，越有利于企业研发的长期价值注入股票价格，进而对研发产生激励效应。

4.2.3.2 制造业与非制造业差异

由前文理论分析部分可知，各类型企业研发长期价值存在差异：制造业企业的研发目的在于提升产品质量和生产效率，对产品市场竞争力有直接影响；非制造业研发投入较少，且多为非产品相关创新，更多的是为了降低经营成本而进行的组织管理创新、设备创新等。相较于非制造业，制造业企业研发的长期价值更高，反馈效应可能更明显。进一步检验并比较制造业和非制造业这两类型企业反馈效应的强弱，如表 4-12 所示。

制造业与非制造业组中，列（1）至列（4）所采用的计量方法与表 4-11 相同。制造业模型（1）至模型（2）中 $information_{t-1}$ 估计系数分别为 0.539（P < 0.1）和 1.700（P < 0.01），说明 $t-1$ 期股价信息含量提升促进了企业研发强度，产生了激励效应。制造业模型（3）中 $information_{t-1}$ 估计系数为 0.660（P < 0.05），说明 $t-1$ 期股价信息含量提升也促进了企业研发强度。制造业模型（4）中 $information_t$ 不显著，$information_{t-1}$ 显著为正（0.833，P < 0.05），这结果与全样本回归结果一致。而非制造业模型中无论 $information_t$ 还是 $information_{t-1}$ 均不显著，说明反馈效应不明显。综上，制造业企业反馈效应更明显，这与理论预期相符。

表4-12 反馈效应检验：制造业与非制造业差异

变量	制造业				非制造业			
	(1)	(2)	(3)	(4)	(1)	(2)	(3)	(4)
$information_t$	0.539 *	1.700 ***	—	0.111	0.232	-0.171	—	0.233
	(1.74)	(2.64)		(0.32)	(0.41)	(-0.01)		(0.41)
$information_{t-1}$	—	—	0.660 **	0.833 **	—	—	0.141	-0.011
			(2.29)	(2.33)			(0.27)	(-0.02)
first1	1.438	0.585	1.683	1.795	1.956	1.852	1.696	1.950
	(1.00)	(0.37)	(1.24)	(1.27)	(0.57)	(0.30)	(0.50)	(0.56)
ration_duli	0.463	2.880	1.038	0.149	11.264 *	10.687	10.721 *	11.265 *
	(0.11)	(0.63)	(0.26)	(0.04)	(1.74)	(0.37)	(1.68)	(1.73)
ROA	-12.778 ***	-13.991 ***	-11.653 ***	-11.461 ***	-11.912 **	-10.966	-11.717 **	-11.899 **
	(-3.50)	(-3.53)	(-3.27)	(-3.18)	(-2.43)	(-0.24)	(-2.48)	(-2.39)
fuzhai	-3.098 ***	-2.800 **	-3.343 ***	-3.518 ***	0.301	0.335	0.346	0.297
	(-2.69)	(-2.24)	(-2.97)	(-3.09)	(0.19)	(0.15)	(0.22)	(0.18)
size	-0.069	-0.151	-0.085	-0.047	0.521	0.563	0.435	0.522
	(-0.54)	(-1.04)	(-0.70)	(-0.37)	(1.63)	(0.28)	(1.45)	(1.61)
SOE	-0.848	-0.784	-1.049 **	-0.948 *	-4.353 ***	-4.344 ***	-4.201 ***	-4.350 ***
	(-1.57)	(-1.35)	(-2.03)	(-1.79)	(-3.95)	(-3.63)	(-3.84)	(-3.89)
hangye	yes	yes	yes	yes	yes	yes	yes	yes
year	yes	yes	yes	yes	yes	yes	yes	yes
region	yes	yes	yes	yes	yes	yes	yes	yes
_cons	-1.647	-0.336	-1.570	-2.344	-21.476 ***	-21.967	-19.369 ***	-21.481 ***
	(-0.57)	(-0.10)	(-0.56)	(-0.82)	(-2.98)	(-0.88)	(-2.84)	(-2.96)
N	106	106	109	106	109	109	112	109
model	OLS	IV	OLS	OLS	OLS	IV	OLS	OLS

注：括号内为t统计量；* p < 0.1，** p < 0.05，*** p < 0.01。

4.2.3.3 制造业内部差异

从制造业内部来看，企业产品对研发的依赖程度不同，其中技术密集型企业的产品对研发依赖程度相对较高，这类企业的研发投入是保证其产品竞争力的关键，因此，技术密集型企业研发的长期价值最高。本书根据制造业内部各细分行业的技术门槛，将相关企业分为劳动密集型、资本密集型和技术密集型企业[①]，以便进一步分析制造业内各类型企业反馈效应的差异。

---

① 行业分类：劳动密集型为 C13~C24；资本密集型为 C25、C26、C28~C36；技术密集型为 C37~C40。具体行业代码及名称见《上市公司行业分类指引》（2012 年修订）。

由于样本数量减少使得模型可选用的变量数受限，因此需要对模型（4-10）进行调整如下：

$$\text{innovation}_{it} = \kappa_0 + \kappa_2 \text{information}_{it-1} + \kappa_4 \text{duli}_{it} + \kappa_5 \text{ROA}_{it} + \kappa_6 \text{fuzhai}_{it}$$
$$+ \kappa_7 \text{SOE}_i + \sum \lambda_j \text{hangye}_j + \sum \lambda_t \text{year}_t + \mu_{it} \qquad (4-11)$$

其中，innovation_{it} 为企业 i 在 t 年的创新强度；$\text{information}_{it-1}$ 为企业 i 在 t-1 年的股价信息含量。但考虑样本量的问题，在这里只引入 information_{t-1} 以检验激励效应。

表4-13列示了制造业内部各类型企业反馈效应的回归检验结果。这里分别采用 OLS 和固定效应模型对各类型企业模型（劳动密集型、资本密集型和技术密集型）进行分组回归，以确定结果稳健性。

结果表明：各类型企业模型中 OLS 与固定效应模型 information_{t-1} 系数显著性与正负性均没发生变化，在此以 OLS 结果为准进行分析。其中，技术密集型企业模型中的 information_{t-1} 显著为正（4.004，P<0.1），说明股价信息含量提升促进了技术密集型企业的研发强度，产生"激励效应"；而劳动密集型、资本密集型企业的反馈效应不显著。这与理论预期相符。

表4-13　　　　　　　　反馈效应检验：制造业内部差异

变量	劳动密集型		资本密集型		技术密集型	
information_{t-1}	-0.067	0.313	0.263	-0.319	4.004*	4.004*
	(-0.06)	(0.22)	(0.84)	(-0.81)	(2.56)	(2.56)
duli	-21.997	-30.161	0.145	5.672	-17.986	-17.986
	(-1.08)	(-1.12)	(0.03)	(0.55)	(-1.11)	(-1.11)
ROA	-15.564**	-14.200*	-10.353*	-11.890**	-2.858	-2.858
	(-2.69)	(-2.14)	(-1.80)	(-2.10)	(-0.23)	(-0.23)
fuzhai	5.796	4.947	-1.268	-1.294	2.079	2.079
	(1.63)	(1.21)	(-0.89)	(-0.50)	(0.54)	(0.54)
zichan	-1.373	-1.861	-0.074	0.419	0.287	0.287
	(-1.11)	(-1.14)	(-0.39)	(0.55)	(0.16)	(0.16)
SOE	yes	yes	yes	yes	yes	yes
year	yes	yes	yes	yes	yes	yes
region	yes	yes	yes	yes	yes	yes
_cons	29.203	49.079	-0.660	-13.942	-11.462	-9.245
	(1.24)	(1.24)	(-0.14)	(-0.78)	(-0.26)	(-0.24)
N	24	24	67	67	18	18
model	OLS	固定效应	OLS	固定效应	OLS	固定效应

注：括号内为 t 统计量；*p<0.1，**p<0.05，***p<0.01。

4.3 本章小结

本章基于股价信息效率的经济后果检验，分析了股票市场的经济影响。一是从企业投资效率维度检验了反馈效应与错误定价的影响，并进一步对企业 TFP、决策者意愿与代理成本等维度的影响进行检验；二是考虑到从企业绩效相关维度可能无法捕捉到反馈效应存在的证据，故从上市企业研发行为视角，再次检验反馈效应的存在性。

检验结果表明：信息低效率市场不但没有传递有价值的信息，反而因为"反馈信息的误导性"和"错误定价引发的过度投资"，控股股东"择时行为"的时机和动机越充分，企业受错误定价的影响越强，而受反馈效应影响越弱，这与实际情况相符。通过企业 TFP、决策者意愿与代理成本等维度的检验同样没有捕捉到反馈效应，且发现决策者改善基本面的意愿正逐渐受到"侵蚀"。根据以上结论可以判断，股价启示效率（RPE）较低，反馈效应对企业投资效率、TFP、管理效率没有显著影响；而错误定价更倾向于造成过度投资风险。整体来说，股票市场的经济影响偏负向。

另外，企业研发行为维度的反馈效应存在性检验结果表明，股价信息含量提升会促进上市企业研发强度，产生"激励效应"，但分类型企业反馈效应强弱不同。制造业企业反馈效应强于非制造业企业；而制造业内部也存在差异，高新技术企业明显强于劳动密集型、资本密集型企业。

综上，可以推断市场股价启示效率（RPE）并非完全无效，而是处于较低的水平。

第 5 章

决定股票市场经济影响的
场内外因素分析

从前述股价信息效率经济后果检验来看,现阶段中国股票市场的经济影响偏负向。因此,若强化股票市场的服务能力,首先应对决定其经济影响的场内外因素进行判断。本书认为市场信息效率水平是股票市场经济影响的决定性因素,故本章对影响市场信息效率的场内外因素进行分析。场内因素方面,重点分析市场低效率成因问题。而场外因素对市场信息效率的影响也不容忽视,一个重要议题是企业接收股价信息的意愿(能力)。企业接收信息的意愿(能力)越强,会激励投资者搜集信息的动力,进而使市场信息效率增加。反之,则会削弱投资者搜集信息的动力,市场信息效率就会下降(Dow,2017)。

5.1 场内因素:交易者行为与市场信息低效率

除了制度因素以外,股价信息效率高低的一个最直接决定因素在于特质信息能否通过知情人交易注入股票价格。作为获利途径迥异的市场交易者,知情人与投机者之间存在信息制衡关系①,即特质信息和噪音之间能够

---

① 本书知情人主要是指具有信息禀赋优势的个人、机构投资者等外部知情人;投机者包括噪音制造者和非理性散户等噪音交易者。

相互抵消，这使得特质信息注入股票价格的"变数"增加，影响企业未来价值、投资者判断等相关信息注入，造成股价启示效率（RPE）与股价预期效率（FPE）下降，进一步影响其经济后果。

弗瑞德曼（Friedman，1953）认为理性交易者会卖出高估值股票而买入低估值股票，这种理性套利会消除噪音交易者制造的价格偏差。大量以有效市场理论为基础的文献同样认为知情人交易能够冲销散户的非理性交易，最终噪音交易者将被驱逐出市场（Sias，1996；Rozeff，1998；Chakvarayrt，2001）。而噪音交易理论认为，市场中大部分交易都是非理性的，由于"价格压力效应""创造空间效应"的存在，噪音交易者的获利能力甚至比理性套利者更高（De Long，1991；Shleifer，2000）。现实情况是，知情人与投机者以相互博弈状态共存于市场，两者制衡态势变化将引起市场信息效率变化。投机者强势冲击可能导致价格偏离基本面，迫使知情人选择理性套利行为，特质信息将无法嵌入股票价格，股价信息效率将下降。在现阶段中国市场信息低效率环境中，基金等机构投资者稳定市场的作用受到质疑，如"基金黑幕"问题，这应与信息制衡问题存在一定关系。

从成熟市场发展经验看，股票市场从幼稚期到成熟期，伴随着市场效率逐渐提升，市场势力必然经历从"投机者强势"向"知情人强势"转变。近几年中国股票市场也开始表现出逐渐向知情人势力倾斜的趋势。2015 年 6 月上证综指达到 5178 点新高后连续发生三次股灾，大量股票价格跌幅巨大。2017 年 3~7 月，上证综指、创业板指数连续阴跌，大量创业板的股票价格下跌幅度甚至超过股灾期间的跌幅。然而，就在 2017 年 7 月创业板、次新股及前期热点股连续出现"闪崩"的同时，贵州茅台、五粮液、中国建设银行等股票却悄悄创出历史新高。其实，贵州茅台股价早在 2010 年就开始"爬坡"，由 70 元涨到 2017 年 11 月的 719.96 元，其间股票价格屡创新高。2016 年 1 月"股灾 3.0"后，类似开启"爬坡"模式的股票不在少数。市场出现"大起大落"与"爬坡"两种截然不同景象的成因不同。股票价格作为市场中交易者信息的汇总，"爬坡式"上涨必然是知情人将企业基本面预期相关信息注入股票价格的表现，而"大起大落"则是投机者强势引发的价格波动。

尽管如此，投机者势力过强的局面依旧没有发生实质性改变。这导致知情人理性套利频率加快，特质信息注入股价受阻，从而造成市场信息低效率。

由于两者势力处于动态变化过程，故不应忽视任何一方势力而分析另外一方对市场信息效率的影响，应考虑双方相对势力情况，分析各方对市场信息效率的真正贡献。丁志国等（2007）以套利进化博弈模型和多重动态均衡博弈模型，理论分析了理性交易与噪音交易之间的博弈过程，并认为两者将长期共存于市场。然而，国内鲜有关于理性交易和噪音交易制衡关系及态势的实证分析，这与国外相关领域研究动态有关。与有效挖掘潜在特质信息相比，厘清知情人—噪音交易者制衡关系，并准确判断制衡态势的变化，是解释中国资本市场低效率的根源性成因，也是提升市场信息效率的关键。据此，本节采用中国 A 股主板 1083 家非金融类上市企业样本数据，从知情人—投机者制衡视角，实证检验不同制衡态势下各交易者对股价信息含量的真实贡献，以分析两者是否存在相互制衡关系。

本节的主要内容结构如下：（1）对知情人—投机者制衡态势变化对知情人交易的影响进行理论推演，并提出相应假说；（2）针对假设 H，进行计量设计，主要思路是通过观察多维度制衡态势变化，知情人、投机者对股价信息效率的贡献变化，以判断两者是否存在"此消彼长"的制衡关系，通过分析两者相互制衡程度，判断具体的制衡态势；（3）分维度实证检验及结果。

5.1.1 理论推演与假说

考虑 A 股市场是以散户交易为主的事实，本书在理性噪音交易模型（Gorssman & Stiglitz，1980）基础上将投机者区分为噪音制造者和非理性散户两类，对知情人、散户与噪音制造者的交易行为，以及知情人—噪音交易者制衡关系进行理论推演，并提出相应假说。

5.1.1.1 理论推演

1. 理性投资者行为

假设无涨跌幅限制的交易市场中，只存在理性噪音投资者和噪音交易者。投资者通过经验数据掌握历史基本面信息，即 t 期时知道前期基本面信息 a_{t-1}，并拥有与 a_t 无关的个人扰动信息 v_{ijt}。投资者信息禀赋可表示为：

$$s_{ijt} = a_{it} + v_{ijt}, v_{ijt} \sim N(0, \sigma_v^2) \tag{5-1}$$

理性投资者与噪音交易者的股票加总需求可以表示为：

$$\int d(a_{it-1}, s_{ijt}, P_{it}) dF(s_{ijt} \mid a_{it}) + \Phi(z_{it}) = 1 \qquad (5-2)$$

式（5-2）中，$d(a_{it-1}, s_{ijt}, P_{it}) \in [0, 1]$，是投资者 j 对股票 i 的需求量。$F(\cdot)$ 为 s_{ijt} 关于 a_{it} 的条件分布函数。$\Phi(\cdot)$ 为关于信息的股票需求函数，$\Phi(z_{it})$ 为噪音交易者总需求量。进一步讨论理性投资者预期收益：

$$E_{ijt}\left[\prod_{it}\right] = \int \left[\pi(a_{it-1}, a_{it}, P_{it}) + \beta \bar{P}(a_{it})\right] dH(a_{it} \mid a_{it-1}, s_{ijt}, P_{it})$$

$$(5-3)$$

式（5-3）中，$\pi(a_{it-1}, a_{it}, P_{it})$ 是关于 a_{it-1}、a_{it} 和 P_{it} 的当期收益函数，其中 P_{it} 作为决策投入变量会影响企业行为。$H(a_{it} \mid a_{it-1}, s_{ijt}, P_{it})$ 为投资者 j 关于 a_{it} 的后验条件分布函数。$\bar{P}(a_{it})$ 为 t + 1 期预期价格，表达式如下：

$$\bar{P}(a_{it}) = \int P(a_{it}, a_{it+1}, z_{it+1}) dG(a_{it+1}, z_{it+1} \mid a_{it}) \qquad (5-4)$$

可以看出 $\bar{P}(a_{it})$ 是通过价格函数 $p(\cdot)$ 对 (a_{it+1}, z_{it+1}) 求积分得到。进一步可知，投资者 j 在 t 期对股票 i 需求的最优选择为：

$$d(a_{it-1}, s_{ijt}, P_{it}) = \begin{cases} 1 & \text{if } E_{ijt}\left[\prod_{it}\right] > P_{it} \\ \in [0, 1] & \text{if } E_{ijt}\left[\prod_{it}\right] = P_{it} \\ 0 & \text{if } E_{ijt}\left[\prod_{it}\right] < P_{it} \end{cases} \qquad (5-5)$$

由式（5-5）可知，当预期收益（关于信息 s_{ijt} 的条件函数）大于股票价格时，投资者会购买所有能够买到的股票；当预期收益小于股票价格时，则不会购买股票。

综上，市场出清情况应满足两个条件：一是投资者交易决策的制定存在信息门槛，即只有投资者信息禀赋高于门槛值 $\bar{s}_{it}$ 时才会购买股票；二是 P_t 是 $\bar{s}_{it}$ 的可逆函数。对市场投资者交易进行加总，市场出清情况可表示为：

$$1 - \Phi\left(\frac{\bar{s}_{it} - a_{it}}{\sigma_v}\right) + \Phi(z_{it}) = 1 \qquad (5-6)$$

式（5-6）中，σ_v 为纯量。进一步可得到：

$$\bar{s}_{it} = a_{it} + \sigma_v z_{it} \qquad (5-7)$$

由式（5-7）可知，门槛信息 $\bar{s}_{it}$ 大小与投资者通过观察股价获得的信息相等，且受市场噪音 z_{it} 影响。该信息的精确值可表示为 $\sigma_v^{-2}\sigma_z^{-2}$，即与投资者信息方差和噪音交易者冲击大小呈反向关系。投资者信息的方差越大或者噪音交易者的冲击越大，$\bar{s}_{it}$ 越小。

2. 知情人、散户与噪音制造者市场

进一步将市场交易活动参与者划分为知情人投资者、散户与噪音交易者。知情人搜寻能力强，因此信息禀赋更高，即 $s_{it}^z > \bar{s}_{it}$，$s_{it}^z \sim N(0, \sigma_{sz}^2)$。散户包括通过知情人踪迹获取信息的偏理性投资者[①]，以及通过观察股价波动进行交易的非理性投资者。两类投资者除信息禀赋外，其他禀赋相同，人数比为 $(1-\lambda)/\lambda, \lambda \in (0,1)$。$\lambda$ 受市场引导信号大小影响，代表散户的非理性—理性结构变化：若市场噪音较大，则 λ 值偏大；若市场噪音较小，知情人踪迹明显，则 λ 偏小。对应的信息禀赋为 $s_{it}^1 \sim N(0, \sigma_{s1}^2)$ 和 $s_{it}^2 \sim N(0, \sigma_{s2}^2)$。

（1）散户的非理性行为与市场噪音放大。在市场噪音为 z1 情况下，各投资者信息应满足：$\sigma_{sz}^2 < \sigma_{s1}^2 < \sigma_{s2}^2 < \sigma_{z1}^2$。非理性投资者行为会放大噪音交易者冲击，市场噪音 z_{it} 增加，其大小可表示为：

$$\begin{aligned}\sigma_z^2 &= E[z_{it} - E(z_{it})]^2 \\ &= \lambda^2(\lambda + \zeta)^{-2}\sigma_{s2}^2 + \zeta^2(\lambda + \zeta)^{-2}\sigma_{z1}^2 + 2\zeta\lambda(\lambda + \zeta)^{-2}\text{cov}(s_{it}^2, z_{it}^1)\end{aligned}$$

$$(5-8)$$

式（5-8）中，ζ 为噪音交易者与中性投资者人数的比例。$\text{cov}(s_{it}^2, z_{it}^1)$ 为非理性投资者信息与市场噪音的相关系数，$\text{cov}(s_{it}^2, z_{it}^1) \in (0,1]$。非理性投资者盲目程度越高，该值越趋于1。$\lambda$ 值越大，市场噪音 z_{it} 越大。

（2）市场出清。市场出清情况下满足：

$$\Phi(s_{it}^z) + \Phi(s_{it}^1) + \Phi(s_{it}^2) + \Phi(z_{it}^1) = 1 \qquad (5-9)$$

式（5-9）表明了市场上所有投资者持有股票数量的总和即为全部股票。进一步考虑在 t 期给予股票 i 的噪音冲击 z_{it}^1，P_{t+1} 波动区间 $[P_{it}^l, P_{it}^h]$ 受限于知情投资者对 t+1 预期收益。由此可知，当 $E_{ijt}[\prod_{it}] > P_{it}^l$ 时，知情

---

① 考虑通过知情人踪迹获取的信息虽然能够大体判断特质信息流入情况，但"信念"不够坚定。因此，偏理性投资者是对于知情人这类完全理性投资者的一种相对称谓。

投资者将买入所有能够买到的股票。若设 $E[\prod_{it}] \sim N(\overline{\prod_{it}}, \sigma_\prod^2)$，则 P_{t+1} 下限应满足 $P_{it}^l \geqslant \overline{\prod_{it}} - \sigma_\prod$。由此可知，噪音制造者通过"做空"获利的条件是：$P_{it}$ 远高于预期收益 $E[\prod_{it}]$，即存在较大泡沫的股票，否则不会引起股价连续下跌。

（3）知情人—噪音交易者制衡与股价信息效率。噪音制造者制造冲击引起股价波动后，知情人理性套利行为是两者制衡关系的关键。假设理性投资者风险偏好为 ψ_j，理性投资者 j 对股票 i 的卖出决策应满足：

$$s(a_{it-1}, s_{ijt}^z, P_{it}^h) = \begin{cases} 1 & \text{if } E_{ijt}[\prod_{it}] + \psi_{ij} < P_{it}^h \\ \in [0,1] & \text{if } E_{ijt}[\prod_{it}] + \psi_{ij} = P_{it}^h \\ 0 & \text{if } E_{ijt}[\prod_{it}] + \psi_{ij} < P_{it}^h \end{cases} \quad (5-10)$$

式（5-10）表明，若 $E_{ijt}[\prod_{it}] + \psi_{ij} < P_{it}^h$，理性投资者 j 将全部卖出股票。$P_{it}$ 将在 $P_{it}^h = \overline{\prod_{it}} + \sigma_\prod + E(\psi_i)$ 附近波动，直到理性投资者清仓，噪音交易者完成"清场"。

在此情况下，理性投资者持股数 $\Phi(s_{it}^z)$ 和噪音交易者资金量 M_{it} 强弱决定了 P_{it}^h 能否继续上升，也决定了对股票引导信号类型的判定。$\Phi(s_{it}^z)$ 受知情人搜获的特质信息影响，持股数与特质信息量成正比[①]。噪音交易者"清场"成本 C_{it} 可表示为：

$$C_{it} = [\Phi(s_{it}^z) + \Phi(s_{it}^l)][\overline{\prod_{it}} + \sigma_\prod + E(\psi_1)] \quad (5-11)$$

若 $M_{it} \leqslant C_{it}$，即知情人势力更强，则股价不会连续上涨，股价波动上限 $P_{it}^h = \overline{\prod_{it}} + \sigma_\prod + E(\psi_j)$，噪音交易者"做多"失败。由式（5-11）可知，对于知情人持股比例高（泡沫少、业绩预期好）的股票，由于股价无法连续上涨，噪音交易者很难通过"做多"行为套利。股票价格重新回到合理价格区间，重新开始特质信息注入，股价信息效率提升。

若 $M_{it} > C_{it}$，P_{it}^h 突破 $\overline{\prod_{it}} + \sigma_\prod + E(\psi_j)$ 的门槛上限，理性投资者选择

---

① 信息 s 与价格 p 是可逆函数。因此，价格高于基本面信息相符价格的情况，可以认为是公司部分特质信息嵌入股价后的"变现"，能够搜寻的其他特质信息变少了。反之，则表明能够搜寻到的特质信息增多。

卖出股票，特质信息注入停止，股价脱离合理区间。由于 $t+1$ 期内已没有理性套利阻力，噪音交易者为主要信号引导者，并通过不断抬高股价 P_{t+1} 释放"多头"信号。由于股票 i 的知情人踪迹消失（或减弱），部分已卖出股票的偏理性投资者开始转化为非理性投资者而选择在 P_{t+1} 价位买入股票 i，λ 值变大，市场噪音 z_{it} 增加。随着股价 P 继续上涨，非理性投资者逐渐增多，最终噪音交易者获利出局，市场泡沫破裂（不再进行详演）。

5.1.1.2 进一步解释与假说

1. 进一步解释

理论推演表明，知情人与噪音交易者存在信息制衡关系。知情人持股比例越高，对噪音交易者冲击约束力度越大，相关股票被噪音交易者选为"操纵标的"的可能性越小，特质信息持续注入将引导散户转变为偏理性投资者，股价信息效率不断提高；而知情人持股比例越低，对噪音交易者约束力度越小。噪音交易者制造冲击可分为两种情况：一是市场泡沫水平较低，通过"做多"完成对知情人"清场"，连续抬高股价，诱导散户采取非理性行为。在市场泡沫较高情况下，噪音交易者倾向于"做空"，但存在做空下限，当股票价格进入合理的价格区间后，理性投资者会购买股票。整体而言，噪音处于强势状态时，知情人会采取理性套利行为。

公司特质信息通过知情人交易活动嵌入股票价格，股价信息效率得到提升。市场噪音冲击会影响知情人和散户投资者的交易决策，进而给特质信息注入股价带来变数。若噪音交易者为强势方，在噪音引导下，散户中非理性投资者比例会增多，市场噪音不断增大。若知情人为强势方，能够起到正确的信息引导作用，散户中偏理性投资者比例会增多，市场噪音减小，特质信息持续注入股票价格。市场信息引导者地位的转换包括两种情形。一是公司基本面预期变化，如基本面预期有大幅改善，预期收益不低于当期股票价格时，知情人会增加持股比例。反之，持股比例将不断减少。二是噪音交易者冲击。噪音交易者通过"做多"强制清除知情人等理性交易者，制造市场泡沫。

中国股票市场以往牛市行情都与场内流动性增加使得噪音交易者势力大增有关，最终市场泡沫破灭后出现连续大跌。但每次大跌之后，都会出现部分股票价格开启"爬坡"模式并屡创新高，且近几年"爬坡"式的股票数量不断增加。这与大跌后股票价值回归，知情人重新进驻有关。因此，股市下跌利于理性投资者重新进驻。比如，中国股市经过 2015 年 6 月 ~ 2016 年 1 月期间的三次"股灾"之后，部分股票已走出慢牛行情，知情人势力在"股灾"之后逐渐强大。

2. 假说提出

根据理论推演与进一步解释，知情人与噪音交易者之间存在相互制衡关系。在不同制衡态势下，各类交易者活动对股价信息效率的影响不同，在此提出如下假说：

假说 H_1：知情人势力较强时，特质信息能够通过知情人交易注入股价中，股价信息含量提升，噪音交易者影响被削弱。

假说 H_2：知情人势力较弱时，特质信息通过知情人交易注入股价受阻，噪音交易者影响较强。

5.1.2　计量设计与数据

5.1.2.1　计量设计

为检验假说 H，本书的计量设计思路为：通过特定维度内制衡态势变化后，知情人、噪音对股价信息含量贡献的变化，判断两者是否存在"此消彼长"的制衡关系，以判断两者制衡关系的存在性；通过分析两者相互制约的程度判断具体的制衡态势。关于特定维度选取，主要基于以下思考。

（1）知情人势力和噪音交易者势力在各自维度内的强弱变化都会造成两者制衡态势变化。值得注意的是，噪音交易者根据自身势力选择的股票类型存在很大不确定性。而知情人交易则具有一定偏好，偏好较强的股票中知情人势力也较强；且知情人行踪具有可测性，如机构投资者持股。在此从知情人维度考虑，初步将样本划分为知情人强势组与弱势组，检验两组知情人和噪音交易者对股价信息含量的影响差异，以检验两者制衡关系。

（2）国有性质企业大股东战略性高比例持股，虽然外部知情人势力可能较弱，但内部知情人存在与外部知情人相同的理性投资行为。故知情人整体势力较大，对噪音交易者约束力度大于非国有企业。通过检验国有与非国有性质企业股票中噪音交易者对股价信息含量的影响差异，能够检验两者制衡关系。

（3）由于中国牛市行情主要是噪音交易者引导引发的"投机行情"，因此牛市中噪音交易者势力强于熊市。"牛熊转换"意味着知情人和噪音交易者制衡态势的转变。故通过验证牛市、熊市内知情人和噪音交易者对股价信息含量影响差异，能够验证两者之间的制衡关系。

具体模型如下：

$$
\begin{cases}
information_{it} = \kappa_0 + \kappa_1 Liquid_{it} + \kappa_2 analyst_{it} + \kappa_3 Institution_{it} + \kappa_4 noise \\
\quad + \sum \lambda_j control + \varepsilon_{it} \ if \ \omega = 1 \\
information = \alpha_0 + \alpha_1 Liquid_{it} + \alpha_2 analyst_{it} + \alpha_3 Institution_{it} + a_4 noise \\
\quad + \sum \lambda_j control + \varepsilon_{it} \ if \ \omega = 0
\end{cases}
$$

$$(5-12)$$

式（5-12）中，$information_{it}$ 为股价信息含量；$Liquid_{it}$ 为股票 i 于 t 年的分析师跟进情况；$Institution_{it}$ 为股票 i 于 t 年机构投资者进驻情况；control 为控制变量；$\varepsilon_{it} \sim N(0, \delta_\varepsilon^2)$ 为残差及其分布。$\omega(\cdot)$ 为示性函数，若维度内知情人势力较强为 1，其他为 0。通过 κ_1 和 α_1、κ_2 和 α_2、κ_3 和 α_3 的估计值差异，分析流动性、知情人、噪音交易者对股价信息效率贡献的变化。

$\omega(\cdot)$ 具体赋值如下：

知情人势力方面：知情人主要包括机构投资者和分析师。机构投资者依据信息优势采取理性投资行为，而分析师的报告有助于投资者对特质信息的挖掘，间接提升投资者信息获取能力。在此选择分析师跟进数与机构投资者持股比例作为两个维度内的知情人势力指标。若 t 时期内机构投资者持股比例（分析师跟进水平）高于当期市场（样本）均值则为 1，其他为 0。另外，从知情人对噪音交易者约束力度方面考虑，机构投资者在市值较小的优质企业股票中持股比例较高，对噪音交易者约束较大。据此设定，若 t 时期内企业总资产高于当期市场（样本）均值则为 1，其他为 0；市场泡沫方面，市场泡沫越高，知情人持股比例越低，对噪音交易者约束越小，在此以托宾 Q（Tobin Q）衡量，若企业在 t 时期的 Q 值高于当期市场（样本）均值则为 1，其他为 0。

所有制性质（SOE）方面：实际控制人为国有企业、国有机构、开发区、事业单位和自治组织村委会、公会和居委会等国有性质单位为 1，其他为 0。

市场行情方面：若 t 时期内日均市场回报率大于 0 则为牛市行情，赋值为 1，其他为 0。牛市具体年份为 2006 年、2007 年、2009 年、2012 年、2013 年、2014 年。

5.1.2.2 变量与数据

1. 变量介绍与测度方法

股价信息含量（information）指标测度与前文相同。其他变量包括：

（1）知情人势力。这里的知情人是指具有信息优势的组织或行为主体。信息优势包括信息获取能力、分析能力和信息禀赋较高。

机构投资者信息搜集能力足够强以至于能够有效利用公司的财务信息和其他信息作出合理的投资决策，特质信息借助机构投资者交易嵌入股价。另外，机构投资者持股是散户投资者交易决策中的重要考虑因素，通过信息引导减少散户的非理性行为，有利于股价信息效率提升。综合考虑，本书以投资者持股比例作为机构投资者势力测度指标。

分析师跟进会帮助投资者获取公司部分特质信息，进而会影响股价信息含量。这里借鉴以往文献，用第 t 期发布公司 i 研究报告的分析师人数的自然对数来衡量分析师跟进水平。

（2）噪音交易者势力（noise）。借鉴苏东蔚和熊家财（2013）的方法，在此以方程（5-12）回归残差项 ε_{it} 衡量市场噪音，ε_{it} 越大表明噪音交易者势力越强。但值得注意的是，ε_{it} 也可能是特质信息注入的结果，这需要从实际情况进行判断。现阶段中国股票市场大幅波动使得理性套利频率增加，特质信息注入的持续性不强，因此笔者认为 ε_{it} 更多的是市场噪音产生的。通过模型（5-12）中该变量系数估计结果可以进一步推测市场状态，若该残差为特质信息注入造成的，将会有助于股价信息效率提升，系数将为正；若该残差为市场噪音造成的，则会降低股价信息效率，系数则为负。

（3）股票流动性（Liquid）。股票流动性是指市场以合理价格交易相关资产的能力，包括市场宽度、深度、弹性和即时性四个维度，是市场效率重要的影响因素。考虑数据可得性，同样借鉴苏冬蔚和熊家财（2013）的方法，使用年内日均换手率、非流动性两个指标衡量流动性，以避免指标选取失误对稳健性的影响。

日均换手率（Liquid1），具体公式如下：

$$\text{Liquid1}_{it} = D^{-1} \sum_{d=1}^{D_{it}} (\text{VOL}_{itd} / \text{LNS}_{itd}) \qquad (5-13)$$

式（5-13）中，VOL_{itd} 为股票 i 于第 t 年第 d 天的成交数量，LNS_{itd} 为流通股数量，D_{it} 为股票 i 在第 t 年的总交易天数。该值越大，说明股票流动性越强。

非流动性（Liquid2），具体公式如下：

$$Liquid2_{it} = D^{-1} \sum_{d=1}^{D_{it}} (|r_{itd}|/V_{itd}) * 100 \qquad (5-14)$$

式（5-14）中，r_{itd} 和 V_{itd} 分别为股票 i 于第 t 年第 d 天忽略红利再投资的回报率和交易金额；D_{it} 为当年总交易天数；$|r_{itd}|/V_{itd}$ 为每百万元成交额所引起的价格变化，取年度日平均值并乘以 100 后即为非流动性指标；Liquid2 为流动性负向指标，该值越高，单位成交金额对价格的冲击就越大，股票流动性也就越低。

（4）控制变量的选取主要结合以往研究，重点在公司治理、公司特质信息源方面选取控制变量。

①CEO 股价业绩型契约（Stock）。合理的股价业绩型契约能够有效降低代理问题，并使 CEO 更多地关注股价中的有价值信息，增强投资者搜集信息的动力。在此以 CEO 薪酬股价敏感性衡量 Stock，具体测度公式如下：

$$Stock_{it} = (NS_{it} \times 1 + NO_{it} \times \delta_{it}) \times 0.01 \times P_{it} \qquad (5-15)$$

式（5-15）中，NS_{it} 为公司 i 的 CEO 在 t 期持有的股票数；NO_{it} 包括 CEO 当年获得的股票期权数；P_{it} 为 t 期末公司 i 的股价，本书采用年末最后十天交易日的均值衡量；δ_{it} 为期权的 Delta 值，即期权价值变动与股价变动的比率，设定为 1。可以看出，Stock 实际上是股价变动 1% 时 CEO 所持股票与期权组合市场价值的变化幅度。

②交叉上市（Cross）。发行外资股的上市公司的信息披露需要严格遵循多个市场交易和会计标准，且境外市场的市场机制与监管系统更为完善，有助于提高公司信息披露质量（Foucault，2008）。另外，境外投资者的投资经验和信息搜集能力优于内地投资者，能够促使更多特质信息注入股票价格，并作为企业和境内投资者的参照信息。在此建立交叉上市虚拟变量，设定 AH 交叉上市企业为 1，其他为 0。

③其他公司治理层面变量。以往文献表明第一大股东持股比例与股价同步性呈倒"U"型关系，股权制衡有助于降低股价同步性。故在此引入第一大股东持股比例（first）及其平方（first2）予以控制；公司产权性质虚拟变量（SOE），公司最终控制人为国有资产管理公司或政府机构，STATE 取值为 1，否则取值为 0；董事会结构，包括独立董事占董事会人数的比率（board）、CEO 年龄（age）。

④其他控制变量。包括企业规模（size），即总资产自然对数；年份虚拟变量（year）；行业虚拟变量（industry）。

2. 数据来源、处理及变量描述性统计

考虑部分变量数据可获得性，并去除 st、*st 类持续亏损企业，采用2006～2015 年中国 A 股 1083 家非金融类上市企业平衡面板数据作为样本数据。股票日度交易数据、财务指标、分析师跟进、公司治理等数据均来自 CSMAR 数据库。相关变量进行了 1% 和 99% 的缩尾处理。变量描述性统计见表 5 - 1。

表 5 - 1　　　　　　　　　变量描述性统计

变量	变量定义	测度方法	样本量	均值	方差	最小值	最大值
information	股价信息含量	$Ln\ (1-R^2)\ /R^2$	10559	0.34	0.68	-1.15	2.53
Institution	机构投资者进驻	机构投资者持股比例	10830	0.21	0.22	0.00	2.11
analyst	分析师跟进	公司报告分析师人数	10330	1.52	1.35	0.00	5.28
Liquid1	流动性正向指标	日均换手率	10563	0.01	0.01	0.00	0.08
Liquid2	流动性负向指标	非流动性	10563	0.75	1.00	0.03	6.78
Stock	CEO 股票型契约	（期权数 + 持股数）× P_{it}	10830	0.02	0.31	0.00	13.00
age	CEO 年龄	当年 CEO 年龄	10743	47.19	6.48	26.00	75.00
first	第一大股东持股情况	第一大股东持股比例	10830	0.37	0.16	0.09	0.75
first2	第一大股东持股比例平方	（第一大股东持股比例）^{2}	10830	0.16	0.13	0.01	0.56
noise	市场噪音风险	股价同步性回归残差	10564	0.00	0.01	-0.58	0.04
Cross	交叉上市企业	交叉上市为1，其他为0	10830	0.07	0.25	0.00	1.00
size	企业规模	上市公司总资产对数	10827	21.70	1.34	10.84	27.96
SOE	所有制性质	最终控制人为国有性质取1	10830	0.67	0.47	0.00	1.00

如图 5 - 1 所示，通过各个核心变量—股价信息含量之间关系的散点图可初步分析知情人—噪音交易者制衡态势。Institution - information 和 analyst - information 的相关关系散点图均表明，观察期内知情人特质信息注入没有提

升股价信息含量。nosie – information 的相关关系散点图表明，市场噪音降低了市场效率。此外，通过观察流动性正向指标（liquid1）与股价信息含量（information）之间的相关关系发现，流动性增加显著提升了股价信息含量。由此可推测，股票市场是"噪音交易者强势"状态。

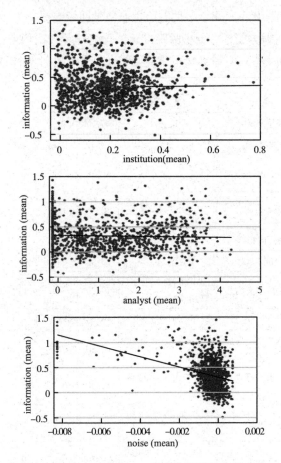

图 5 – 1　知情人、流动性、噪音与股价信息效率关系

表 5 – 2 列示了其他各变量与 information 之间的相关系数矩阵，通过相关系数矩阵初步判断各变量关系。结果表明，Liquid1 与 information 为显著正向关系，而 analyst、Institution 与 information 相关性不显著。Liquid2、noise 与 information 为显著负向关系。这说明流动性增加是提升市场效率的主要动力，而噪音降低了股价信息含量。另外，age、first、size、SOE 与 information 为显著负向关系。以上结果基本符合预期。

表 5 - 2

变量	information	Liquid1	Liquid2	analyst	Institution	Stock	age	first	noise	corss	size	SOE
Liquid1	0.2141*	1	—	—	—	—	—	—	—	—	—	—
Liquid2	-0.1325*	-0.1467*	1	—	—	—	—	—	—	—	—	—
analyst	-0.0094	-0.1222*	-0.0651*	1	—	—	—	—	—	—	—	—
Institution	-0.013	-0.3610*	0.0177*	0.1512*	1	—	—	—	—	—	—	—
Stock	-0.0159	-0.0267*	-0.0244*	0.0835*	-0.0032	1	—	—	—	—	—	—
age	-0.0382*	-0.1200*	-0.0594*	0.0343*	0.1006*	-0.0306*	1	—	—	—	—	—
first	-0.0175*	0.0453*	0.0161*	0.1219*	0.0850*	-0.0563*	0.0355*	1	—	—	—	—
noise	-0.1304*	0.1439*	-0.0751*	-0.0279*	-0.0577*	-0.0029	-0.0006	-0.016	1	—	—	—
cross	0.0142	0.0094	0.0442*	0.0869*	-0.014	-0.0092	0.0663*	0.0512*	0.0065	1	—	—
size	-0.0312*	-0.1761*	-0.1158*	0.1316*	0.1376*	-0.0044	0.0857*	0.0551*	-0.0184*	0.0204*	1	—
SOE	-0.0908*	0.0124	-0.0774*	0.0474*	0.0410*	-0.0601*	0.1470*	0.2696*	0.0167*	0.0607*	0.0510*	1

注：＊为 10% 水平下显著。

5.1.3　实证检验及结果

5.1.3.1　多维度制衡关系及态势检验

根据计量设计，对机构投资者势力、噪音交易者约束、所有制与市场行情等维度内知情人—噪音交易者制衡关系、制衡态势进行实证分析，兼论各维度内流动性对股价信息效率贡献差异性。本节实证研究中第一部分是全样本分析，以检验基准模型的稳健性，第二至第四部分为分维度检验结果。第五部分是小结与进一步讨论。

1. 全样本分析

表 5 - 3 为股价信息含量的影响因素回归检验结果，表中列（1）为未加入其他控制变量的 OLS 回归结果，列（2）为加入控制变量后的 OLS 回归结果，通过列（1）、列（2）结果比较以检验遗漏变量对结果稳健性的影响。列（3）为加入控制变量后的系统 GMM 回归结果，通过列（2）、列（3）结果比较以检验内生性问题对结果稳健性的影响。列（4）至列（6）是采用 Liquid2 衡量流动性的回归结果，以检验变量选择对结果稳健性的影响。另外，Arellano - Bond 检验表明差分残差序列存在一阶自相关但不存在二阶自相关，说明系统 GMM 方法有效。Sargan 检验表明工具变量不存在过度识别问题。

列（1）至列（6）中 analyst 与 Institution、noise 估计结果正负性和显著性没有变化。Liquid 在列（1）至列（3）中的估计系数显著为正，而在列（4）至列（6）中显著为负。这说明遗漏变量、内生性、变量选择等问题对核心变量结果稳健性均没有造成明显影响，基准模型较为稳健。整体而言，股票流动性增加、知情人势力增强能够显著提升股价信息含量，而噪音为负向影响。

控制变量回归结果表明，内生性问题影响了部分变量估计结果稳健性，如股票业绩契约（Stock）、CEO 年龄（age）的估计系数显著性发生变化。在此以系统 GMM 回归结果为依据进行分析。First 的估计系数显著为负，first2 的估计系数显著为正，说明股价信息含量与第一大股东股权集中度呈"U"型关系；noise 的估计系数显著为负，说明市场噪音降低了股价信息含量；Cross 的估计系数显著为正，说明交叉上市有助于股价信息含量提升；SOE 的估计系数显著为负，说明国有企业股价信息含量低于非国有企业；Stock 的估计系数不显著，甚至为负，说明当前股价业绩型契约没有影响到股价信息效率，这与股权激励相关准则实施较晚、股价偏高等有关，股权激励计划可能没有有效缓解内部信息不对称，反而更倾向于"福利派发"。

表 5 - 3　　　　　　　　股价信息含量影响因素检验（全样本）

变量	Liquid1			Liquid2		
	（1）	（2）	（3）	（4）	（5）	（6）
Institution	0.1063 ***	0.1063 ***	0.1051 *	0.1057 ***	0.1061 ***	0.0949 *
	（0.0308）	（0.0307）	（0.0592）	（0.0308）	（0.0308）	（0.0592）
analyst	0.0092 **	0.0113 **	0.0295 **	0.0085 *	0.0106 **	0.0287 **
	（0.0044）	（0.0044）	（0.0141）	（0.0044）	（0.0044）	（0.0141）
noise	—	− 12.0400 ***	− 14.9858 ***	—	− 12.1798 ***	− 16.1690 ***
		（0.7338）	（1.4822）		（0.7366）	（1.4891）
Liquid	8.8161 ***	8.4630 ***	9.9838 ***	− 0.0001 **	− 0.0001 ***	− 0.0002 ***
	（1.2111）	（1.1975）	（1.8889）	（0.0000）	（0.0000）	（0.0000）
stock	—	− 0.0456 **	− 0.0467	—	− 0.0455 **	− 0.0472
		（0.0182）	（0.0455）		（0.0182）	（0.0455）
age	—	− 0.0027 ***	− 0.0020	—	− 0.0029 ***	− 0.0014
		（0.0009）	（0.0024）		（0.0009）	（0.0024）
first	—	− 0.0947	− 0.9361 *	—	− 0.0616	− 1.0501 **
		（0.1745）	（0.5283）		（0.1748）	（0.5281）
first2	—	0.1579	1.3677 **	—	0.1116	1.3890 **
		（0.2118）	（0.6055）		（0.2121）	（0.6050）
Cross	—	0.0553 **	1.5088 **	—	0.0587 ***	1.3486 *
		（0.0226）	（0.7248）		（0.0226）	（0.7230）
size	—	− 0.0201 ***	0.0098	—	− 0.0207 ***	0.0111
		（0.0045）	（0.0192）		（0.0045）	（0.0191）
SOE	− 0.1098 ***	− 0.1061 ***	− 0.1537 ***	− 0.1110 ***	− 0.1066 ***	− 0.1507 ***
	（0.0125）	（0.0129）	（0.0534）	（0.0125）	（0.0130）	（0.0533）
_cons	0.2502 ***	0.8179 ***	0.1710	0.3632 ***	0.9439 ***	0.1631
	（0.0258）	（0.1104）	（0.4449）	（0.0206）	（0.1091）	（0.4445）
year	yes	yes	yes	yes	yes	yes
industry	yes	yes	yes	yes	yes	yes
N	10101	10022	8799	10101	10022	8799
r^2	0.2583	0.2811	—	0.2548	0.2784	—
AR（1）	—	—	0.045	—	—	0.057
AR（2）	—	—	0.236	—	—	0.197
sargan	—	—	0.312	—	—	0.253
model	OLS	OLS	系统 GMM	OLS	OLS	系统 GMM

注：*** 为 1% 水平下显著，** 为 5% 水平下显著，* 为 10% 水平下显著；括号内为标准差。

2. 知情人势力相关维度

（1）机构投资者势力。如表5－4所示，无论采用 Liquid1 还是 Liquid2，（Institution investor，High）列中 analyst 和 Institution 的估计系数显著为正，noise 的估计系数显著为负；（Institution investor，Low）列中 analyst 和 Institution 均不显著，noise 系数显著为负，且绝对值小于（Institution investor，High）列结果。这说明机构投资者势力较强时，知情人信息注入有效；而机构投资者势力较弱时，特质信息通过知情人交易嵌入股价受阻。另外，机构投资者势力较强时，也没有抑制噪音交易者影响。该维度噪音交易者强势对知情人信息注入造成"绝对压制"，表现出噪音交易者对知情人的单向抑制关系。

表5－4　　　　知情人势力相关维度内的制衡关系检验结果（OLS）

变量	Liquid1				Liquid2			
	机构投资者		分析师跟进水平		机构投资者		分析师跟进水平	
	High	Low	High	Low	High	Low	High	Low
Institution	0.2139 ***	− 0.0055	0.1905 ***	0.0462	0.1965 ***	− 0.0114	0.1770 ***	0.0481
	(0.0585)	(0.1116)	(0.0435)	(0.0434)	(0.0588)	(0.1123)	(0.0438)	(0.0436)
analyst	0.0199 ***	− 0.0073	0.0682 ***	− 0.0410 ***	0.0199 ***	− 0.0070	0.0680 ***	− 0.0405 **
	(0.0064)	(0.0062)	(0.0107)	(0.0159)	(0.0063)	(0.0062)	(0.0107)	(0.0159)
noise	− 16.172 ***	− 10.184 ***	− 8.9864 ***	− 17.197 ***	− 15.693 ***	− 10.371 ***	− 8.755 ***	− 17.623 ***
	(1.3967)	(0.8620)	(0.9034)	(1.2164)	(1.4098)	(0.8692)	(0.9079)	(1.2265)
Liquid	− 0.3776	13.3706 ***	4.1693 **	12.4931 ***	0.0008 **	− 0.0001 ***	0.0008 **	− 0.0001 ***
	(2.0617)	(1.4628)	(1.7206)	(1.6514)	(0.0003)	(0.0000)	(0.0003)	(0.0000)
control	yes	yes	yes	yes	yes	yes	yes	yes
N	4122	5900	4726	5296	4122	5900	4726	5296
r^2	0.2913	0.2973	0.3142	0.2719	0.2923	0.2887	0.3143	0.2661

注：*** 为1%水平下显著，** 为5%水平下显著，* 为10%水平下显著；括号内为标准误。

流动性回归结果显示：采用 Liquid1 时，（Institution investor，High）列中 Liquid 的估计系数不显著，而（Institution investor，Low）中 Liquid 的估计系数显著为 13.3706；采用 Liquid2 时，（Institution investor，High）列中 Liquid 的估计系数显著为 0.0008，而（Institution investor，Low）列中 Liquid 的估计系数显著为 − 0.0001。以上结果支持相同观点，即在机构投资者势力较弱（或噪音交易者强势）情况下，流动性增加能够有效提升股价信息含量。

（2）分析师跟进水平。表5－4结果表明，无论采用 Liquid1 还是 Liquid2，（Securities analyst，High）列中 analyst、Institution 的估计系数显著为

正，noise 的估计系数显著为负；（Securities analyst, Low）列中 analyst、Institution 的估计系数均不显著，noise 系数显著为负且绝对值大于（Securities analyst, High）列结果。以上结果说明，分析师跟进水平较高时，"受分析师影响的知情人"势力较强，知情人信息注入有效，并且明显削弱了噪音交易者影响。分析师跟进水平较低时，"受分析师影响的知情人"势力较弱，特质信息通过知情人交易嵌入股价受阻，噪音交易者对知情人造成"绝对压制"。该维度表现出知情人—噪音交易者之间为双向抑制关系。

流动性回归结果显示：采用流 Liquid1 时，（Securities analyst, Low）列中 Liquid 估计系数显著为 12.4931，而（Securities analyst, High）列中 Liquid 估计系数显著为 4.1693，说明分析师跟进数较少（或噪音交易者强势）时，流动性增加对股价信息含量的提升效果更好。采用 Liquid2 时，（Securities analyst, Low）列中 Liquid 估计系数显著为 −0.0001，而（Securities analyst, High）列中显著为 0.0008，同样支持以上结论。

3. 噪音交易者约束相关维度

（1）企业规模（Size, Big or Small）。如表 5 − 5 所示，无论采用 Liquid1 还是 Liquid2，（Size, Big）列中 Institution 的估计系数显著为正，analyst 的估计系数不显著；（Size, small）列中 Institution 的估计系数显著为正但大于（Size, Big）列中结果，analyst 的估计系数显著为正，noise 的估计系数显著为负且绝对值小于（Size, Big）列中结果。以上结果说明，对于小企业股票，知情人信息注入效果更明显，噪音交易者影响被削弱。对于大企业股票，机构投资者信息注入效果被削弱，而分析师跟进的影响被"绝对压制"，噪音交易者阻碍了特质信息嵌入股价。该维度内表现出知情人—噪音交易者存在双向抑制关系。

流动性回归结果显示：采用 Liquid1 时，（Size, Big）列中 Liquid 的估计系数显著为 11.567，而（Size, Small）中显著为 5.6953，说明流动性增加对大企业（噪音交易者强势）提升效果更好。采用 Liquid2 时，（Size, Big）中 Liquid 的估计系数显著为 − 0.0001，而（Size, Small）中显著为 0.0012，同样支持相同结论。

（2）市场泡沫（Tobin Q, High or Low）。如表 5 − 5 所示，无论采用 Liquid1 还是 Liquid2，（Tobin Q, High）列中 Institution 的估计系数均为正，analyst 的估计系数不显著，noise 的估计系数显著为负；（Tobin Q, Low）列

中 Institution 的估计系数均为正且大于（Tobin Q，High）列结果，analyst 的估计系数显著为正，noise 的估计系数显著为负且绝对值大于（Tobin Q，High）列结果。以上结果说明，市场泡沫较高（知情人势力较弱）时，知情人信息注入受到抑制，具体表现为机构投资者影响被削弱，而分析师跟进影响被"绝对压制"。市场泡沫较低（知情人势力较强）时，知情人信息注入效果明显，但没有抑制噪音交易者影响。综上，该维度内表现出噪音交易者对知情人的单向抑制关系。

流动性回归结果显示：采用 Liquid1 时，（Tobin Q，High）列中 Liquid 的估计系数显著为 4.3442，而（Tobin Q，High）列中的估计系数显著为 10.456；采用 Liquid2 时，（Tobin Q，High）列中 Liquid 的估计系数显著为 0.0142，而（Tobin Q，High）列中 Liquid 的估计系数为 -0.0001（P < 0.01）。以上结论说明，市场泡沫较少时，流动性增加对股价信息含量的提升作用更大。这个结论与前文结论是相悖的，因为前文中结果表明，噪音交易者强势状态下的流动性增加对股价信息含量提升效果更好。而此处市场泡沫较低通常意味着噪音交易者较弱势，却表明此状态下流动性增加对股价信息含量影响更大。笔者认为这并不矛盾，以上结果应是由于观察期内市场泡沫较为严重造成的。据此可进一步推断得出，在市场泡沫降低到一定门槛值之前，流动性增加对市场效率无效。

表 5-5　　噪音交易者约束相关维度内的制衡关系检验结果（OLS）

变量	Liquid1				Liquid2			
	Size		Tobin Q		Size		Tobin Q	
	Big	Small	High	Low	Big	Small	High	Low
Institution	0.0758 *	0.1348 ***	0.0930 *	0.1100 ***	0.0752 *	0.1181 ***	0.0911 *	0.1080 ***
	(0.0445)	(0.0422)	(0.0550)	(0.0366)	(0.0446)	(0.0424)	(0.0545)	(0.0367)
analyst	0.0031	0.0190 ***	0.0043	0.0136 ***	0.0017	0.0190 ***	0.0052	0.0131 **
	(0.0062)	(0.0064)	(0.0081)	(0.0052)	(0.0062)	(0.0064)	(0.0080)	(0.0052)
noise	-31.933 ***	-8.784 ***	-7.507 ***	-35.506 ***	-33.493 ***	-8.507 ***	-7.1980 ***	-37.025 ***
	(1.9164)	(0.8002)	(0.8227)	(1.7876)	(1.9427)	(0.8030)	(0.8173)	(1.8124)
Liquid	11.567 ***	5.6953 ***	4.3442 **	10.456 ***	-0.0001 ***	0.0012 ***	0.0142 ***	-0.0001 ***
	(1.6842)	(1.6797)	(2.1484)	(1.4227)	(0.0000)	(0.0003)	(0.0019)	(0.0000)
control	yes	yes	yes	yes	yes	yes	yes	yes
N	4957	5065	3206	6816	4957	5065	3206	6816
r^2	0.3085	0.2783	0.2494	0.3167	0.3061	0.2788	0.2611	0.3145

注：*** 为1%水平下显著，** 为5%水平下显著，* 为10%水平下显著；括号内为标准误。

4. 所有制性质维度

虽然股权分置、企业规模大等特征可能使得国有企业性质股票中外部知情人势力受到约束，但由于国有企业大股东战略性持股比例高，内部知情人与外部知情人行动具有相似性。通过检验国有企业性质股票中的噪音交易者是否受到约束，能够检验知情人—噪音交易者之间的制衡关系。为此，进行以下计量检验：分国有、非国有企业组和全样本企业组回归结果；全样本组加入交互项 SOE × noise 之后的全样本回归结果，重点检验噪音交易者影响变化。

如表 5 - 6 所示，无论采用 Liquid1 还是 Liquid2，各列结果中 noise 的估计系数均显著为负，国有企业组中 noise 的估计系数绝对值小于非国有企业组；全样本组中 SOE × noise 交互项的估计系数显著为正。以上结果说明，国有企业组中噪音对股价信息含量的负向影响显著弱于非国有企业组，表明知情人削弱了噪音交易者影响。

表 5 - 6　　　　　　　所有制维度内的制衡关系检验结果（OLS）

变量	Liquid1			Liquid2		
	国有	非国有	全样本	国有	非国有	全样本
Institution	0. 1086 ***	0. 0966 *	0. 1120 ***	0. 1077 ***	0. 0923	0. 1117 ***
	(0. 0359)	(0. 0585)	(0. 0305)	(0. 0360)	(0. 0581)	(0. 0306)
analyst	0. 0053	0. 0267 ***	0. 0114 ***	0. 0045	0. 0283 ***	0. 0108 **
	(0. 0051)	(0. 0084)	(0. 0044)	(0. 0052)	(0. 0084)	(0. 0044)
SOE × noise	—	—	23. 9476 ***			23. 7535 ***
			(2. 0300)			(2. 0348)
noise	− 8. 4342 ***	− 33. 9480 ***	− 32. 6720 ***	− 8. 5781 ***	− 33. 2761 ***	− 32. 6320 ***
	(0. 7608)	(2. 1041)	(1. 8947)	(0. 7650)	(2. 0934)	(1. 8986)
liquid	10. 2617 ***	4. 0870 *	8. 5031 ***	− 0. 0001 ***	0. 0083 ***	− 0. 0001 ***
	(1. 3783)	(2. 3011)	(1. 1894)	(0. 0000)	(0. 0013)	(0. 0000)
SOE	no	no	yes	no	no	yes
control	yes	yes	yes	yes	yes	yes
N	6852	3170	10022	6852	3170	10022
r^2	0. 2898	0. 2941	0. 2910	0. 2852	0. 3030	0. 2881

注：*** 为1%水平下显著，** 为5%水平下显著，* 为10%水平下显著；括号内为标准误。

另外，国有企业组 Institution 的估计系数均显著为正，而 Analyst 的估计系数不显著；非国有企业组 Institution 的估计系数显著为正但小于国有企业组对应的估计系数，Analyst 的估计系数显著为正。以上结果与理论预期相符，即符合知情人—噪音交易者制衡关系。而分析师跟进与理论预期相反，笔者认为这应与散户对非国有企业股票的偏好有关。综上，除分析师跟进以外，该维度表现出知情人与噪音交易者的双向抑制关系。

流动性回归结果显示：采用 Liquid1 时，国有企业组中 Liquid 估计系数显著为正且大于非国有企业。采用 Liquid2 时，国有企业组 Liquid 的估计系数显著为 - 0.0001，而非国有企业组为 0.0083。以上结果说明，流动性增加对国有企业股价信息含量提升效果大于非国有企业。据此，可进一步推断，现阶段阻碍国有企业股价信息含量提升的重要因素是股票流动性较差，而噪音干扰是其次的。

5. 市场行情维度

以往中国牛市行情一般是由噪音交易者引导的。相对于熊市，牛市中的噪音交易者势力更强。行情转换后，知情人—噪音交易者态势随之发生变化。在此依据牛市、熊市中知情人、噪音交易者对股价信息含量的影响差异，对两者制衡关系进行检验。计量检验思路如下：分牛市行情组（Bull market）和熊市行情组（bear market）进行回归；在全样本组中引入 Institution 与 market 交互项（IN × market）进行回归，重点检验机构投资者的影响变化。

如表 5 - 7 所示，无论采用 Liquid1 还是 Liquid2，（Bull market）列中 analyst、Institution 均不显著，noise 估计系数显著为负；（Bear market）列中 analyst、Institution 均显著为正，noise 估计系数显著为负且绝对值大于（Bull market）列中结果；（Full sample）列中 IN × market 系数显著为负。以上结果说明，牛市行情中，特质信息通过知情人交易嵌入股价受阻，噪音交易者对知情人产生"绝对压制"，知情人对股价信息含量影响消失。熊市行情中知情人信息注入效果明显，但没有削弱噪音交易者影响。综上，该维度内表现出噪音交易者对知情人的单向抑制关系。

流动性回归结果显示：采用 Liquid1 时，（Bull market）列中 Liquid 系数显著为 4.9810，（Bear market）列中估计系数显著为 11.3191；采用 Liquid2 时，（Bull market）列中 Liquid 系数显著为 - 0.0001，而（Bear market）中显著为 0.0000。以上结果说明，熊市中流动性增加对股价信息含量提升更明显。这与牛市泡沫较大，流动性增加对市场效率影响被削弱有关。

表5-7 市场行情维度内的制衡关系检验结果（OLS）

变量	Liquid1			Liquid2		
	Bull market	Bear market	Full sample	Bull market	Bear market	Full sample
Liquid	4.9810***	11.3191***	8.4730***	-0.0001***	0.0000	-0.0001***
	(1.9023)	(1.4947)	(1.1974)	(0.0000)	(0.0003)	(0.0000)
IN×market	—	—	-0.1055*	—	—	-0.1056*
			(0.0606)			(0.0607)
market	—	—	0.0082	—	—	-0.0960***
			(0.0345)			(0.0312)
Institution	0.0517	0.1488***	0.1632***	0.0511	0.1471***	0.1630***
	(0.0443)	(0.0422)	(0.0449)	(0.0443)	(0.0427)	(0.0450)
analyst	0.0068	0.0126**	0.0113**	0.0061	0.0122**	0.0106**
	(0.0065)	(0.0060)	(0.0044)	(0.0065)	(0.0060)	(0.0044)
noise	-9.8642***	-39.409***	-12.003***	-10.014***	-39.235***	-12.144***
	(0.8037)	(2.5718)	(0.7340)	(0.8048)	(2.6759)	(0.7368)
control	yes	yes	yes	yes	yes	yes
N	4928	5094	10022	4928	5094	10022
r^2	0.1983	0.2772	0.2816	0.1989	0.2690	0.2789

注：***为1%水平下显著，**为5%水平下显著，*为10%水平下显著；括号内为标准误。

6. 进一步讨论

实证部分对各维度内知情人—噪音交易者制衡关系进行检验的同时，也对维度内两者制衡态势进行了判断。

（1）知情人势力相关维度。机构投资者势力维度内表现出噪音交易者对知情人的单向抑制关系，噪音交易者为"绝对压制"，即知情人对股价信息含量影响消失；分析师跟进维度内表现出知情人—噪音交易者双向抑制关系，噪音交易者为"绝对压制"，知情人为"削弱压制"。两类知情人维度结果差异可以解释为，现阶段市场机构投资者规模较小，对散户交易活动的信息引导作用有限，而分析师的报告能够减少散户的非理性行为，起到信息引导作用。

（2）市场泡沫、市场行情维度内表现出噪音交易者对知情人的单向抑制关系。企业规模、所有制性质维度内表现出知情人与噪音交易者的双向抑制关系。市场行情维度内表现出噪音交易者对知情人的单向抑制关系。各维度存在制衡关系时，噪音交易者均为"绝对压制"，即噪音交易者势力过高时，特质信息注入股价受阻，而知情人势力较大时只是"削弱"了噪音。

综合以上各维度结论，可证明假说 H 成立。除此之外，结合流动性变量系数估计值，本书还挖掘出以下信息：当市场泡沫较高时，流动性增加对市场效率影响不大；而流动性较差时，增加流动性比降低市场噪音对市场信息效率更重要。现阶段市场处于噪音交易者强势状态，知情人信息注入阻力较大。笔者认为提升市场信息效率的路径应为：降低市场泡沫→提升流动性→收紧噪音交易者约束→壮大知情人势力。未来市场效率优化路径应结合市场实际情况，多维度推进市场制衡态势向知情人势力倾斜。

以新股为例对股价信息效率变化路径进行简单分析：流动性差、流通市值小等特征使得新股易遭到爆炒，最终股价必然因泡沫破裂而大跌。企业限售股解禁会增加流动性，使股价信息效率上升。然而，新上市企业在解禁之前实施除权增加流动性，会使投机者借势重新抬高股价，产生泡沫。

5.2　场外因素：资本调整成本对反馈效应的阻碍

企业资本调整成本是反馈效应研究不容忽视的因素（David，2016）。股价启示效率（RPF）高低的一个关键问题是企业作为信息接收端，接收反馈信息的意愿（能力）。若企业资本调整成本较大，那么股价即使提供有价值的信息，企业也无法进行相应的投资决策调整[①]。这会降低反馈效应强度，削弱投资者收集信息的积极性，进而使股价启示效率和股价预期效率下降。国内关于资本调整成本问题尚缺乏研究，重要原因是，从跨期投资研究领域看，资本调整成本包含了一系列复杂且难以测度的因素，在动态投资分析过程中很难直接进行分析。

由于资本调整成本对股价信息效率的影响渠道是阻碍反馈效应的发挥，因此可以通过不同资本调整成本企业所受反馈效应影响的强弱对比，来判断资本调整成本对反馈效应的影响。目前，国内外对反馈效应强弱判断的依据是企业投资—股价信息敏感度。

另外，关于股价信息含量提升是否会促进投资问题，袁知柱等（2012）研究表明股价信息含量提升能够抑制投资，防止过度投资风险。于丽峰

---

① 资本调整成本主要包括计划成本和安装费用；在投资计划期间要消耗资源；在重组生产线和培训工人时也要耗费资源；在处置设备时也会面临的沉默成本问题。

（2014）研究认为股价信息含量提高会促进企业投资。相关问题尚存在争议。

鉴于此，本章重点对以下问题进行检验和讨论：一是资本调整成本是否对反馈效应产生阻碍作用；二是股价信息含量提升是促进还是抑制了企业投资。

5.2.1　理论推演与假说

5.2.1.1　理论推演

在此基于库珀（Cooper，2006）的资本调整成本模型，对资本调整成本、股价信息含量与企业投资决策之间的关系进行理论推演。

1. 企业利润最大化问题

通过考虑企业投资过程中的资本调整成本来研究企业利润最大化问题。假设调整成本函数为连续型凸函数，解决企业利润动态最优化问题如下：

$$V(A,K) = \max_I \prod (A,K_{it}) - C(I,A,K_{it}) - p(I_{it})I_{it} + \beta E_{A'/A}V(A',K_{it+1})$$

$$(5-16)$$

其中，$\prod (A,K)$ 表示给定利润冲击 A，资本存量为 K_{it} 时所创造的企业利润。I_{it} 为企业 i 在 t 期时的投资水平；$K_{it+1} = K_t(1-\delta) + I_{it+1}$；$C(I_{it},A,K_{it})$ 为企业投资时面临的调整成本；$p(I_{it})$ 为投资品价格，取决于投资品供求情况；β 为贴现率。假设最优劳动投入量 L 给定，企业利润 $\prod (A,K)$ 只受 K 值影响。企业利润最大化问题可表示为：

$$\prod (A,K_{it}) = \max_L R(A^R,K_{it},L) - Lw(L) \qquad (5-17)$$

其中，A^R 为资本存量为 K_{it} 时造成的收入冲击，$R(A^R,K_{it},L)$ 为企业 i 资本存量为 K_{it} 时的收入，$Lw(L)$ 为劳动总成本。企业利润方程具体形式可表示为：

$$\prod (A,K) = AK^{\theta} \qquad (5-18)$$

传统的投资模型中通常设定调整成本函数为关于投资率的凸函数。在此设定调整函数为：

$$C(I,A,K) = \left(\frac{r}{2}\right)(I/K)^2 K \qquad (5-19)$$

其中，r 为资本异质性参数，资本技术含量越高，r 越大。将式（5-19）代入式（5-16）并进一步求导运算，可得企业利润最大化问题的一阶条件应满足：

$$i = (\frac{1}{r})[\beta EV_k(A', K') - p] \qquad (5-20)$$

其中，i 为投资率（I/K），EV_k 为边际资本产品预期价值，投资品价格 p 为外生变量。对式（5-20）取对数可得其线性形式，即：

$$lnI = ln(\frac{1}{r}) + ln[\beta EV_k(A', K') - p] + lnK \qquad (5-21)$$

由式（5-21）可知，投资率取决于资本异质性参数 r，以及边际资本产品预期价值 EV_k。关于 EV_k 大小，若上市企业股价信息效率较高，投资未来收益能充分嵌入股价，那么会降低企业的不确知性，EV_k 值更接近最优决策值；反之，股价不能提供相关提示性信息，EV_k 值不变（取决于管理者自身的判断），或偏离最优决策值（受错误定价的误导）。

2. 进一步讨论企业间的资本异质性问题

由式（5-21）可知，资本异质性参数 γ 越大，企业新增投资越小，即资本异质性与调整成本成正比。而资本异质性具体表现在资本技术含量差异，资本技术含量越高，γ 值越大。关于该值的测度，在此采用一个简单的方法，以资本劳动比衡量。主要有以下考虑：要素组合形式能够反映企业技术水平，比如技术密集型企业，设备精密度越高，需要高质量劳动力才能操作。劳动密集型与资本密集型企业设备操作较简单，对劳动质量要求较低。相同行业内大小企业同样存在资本技术含量差异。小企业设备落后，需要更多的劳动力；而大企业设备先进，生产率高，能够节约劳动力成本。因此，资本劳动比与资本技术含量为倒"U"型关系，即 K/L 与 γ 为倒"U"型关系。在此通过引入"资本劳动比"这一可测度变量代替资本调整成本，检验其与企业投资—股价敏感度之间的关系，以确定资本调整成本对反馈效应的影响。

5.2.1.2 假说提出与计量设计

边际资本产品预期价值是对投资未来收益的判断。股价信息含量越高，股价越能够准确反映投资未来收益相关信息，进而缓解企业面临的不确定性。中国企业处于技术追赶阶段，对前景一致看好，不确定性来自对市场结构或竞争对手的不确知，加之软预算约束等因素，倾向于激进式投资。

而发达国家企业处于技术前沿边界的附近，面临的不确定性主要是对市场未来前景的不确知，倾向于保守投资。如果股价能够传递提示性的信息，如投资未来收益等，企业所面临的不确定性减小，发达国家企业会增加投资，而中国企业更倾向于收缩投资，这就是信息发挥资源配置效应的过程。据此，提出以下假说：

假说 a：反馈效应能够降低中国上市企业对投资未来收益的不确知性，进而使企业投资趋于谨慎，降低过度投资风险。

假说 b：由于资本劳动比与调整成本呈倒"U"型关系，其与企业投资—股价信息敏感度之间应存在"U"型关系。

计量设计方面：首先，利用行业层面数据，分析行业层面的资本劳动比与资本调整成本之间的关系，确定两者是否为倒"U"型关系；其次，利用企业层面数据，分析资本劳动比与企业投资—股价信息敏感度之间的关系，以确定两者关系。结合以上结论，以此来分析资本调整成本对反馈效应的影响。

5.2.2　资本劳动比与资本调整成本关系检验

根据理论分析，资本劳动比与资本调整成本之间存在倒"U"型关系，故在此首先对两者关系进行检验。

5.2.2.1　资本调整成本测度问题

考虑到资本调整成本越高，资本存量跨期变动率越低，即粘性越大。故行业层面资本调整成本以跨期资本粘性衡量。由于企业层面的资本调整成本很难进行测度，在此对行业层面资本劳动比与资本调整成本之间的关系进行检验。

首先，根据《证监会行业分类标准》（2012），结合样本分布，将数量较小的行业进行合并，最终划分为 24 个行业组，具体行业分组结果见附表 3。

其次，测度各行业组的资本粘性，将其作为资本调整成本的测度指标。在此设定两年为一个投资周期，并且设定企业资本存量（对数形式）满足一阶自回归条件，具体回归方程如下：

$$k_{jt} = \alpha \bar{k}_j + \rho k_{jt-1} + \varepsilon_{jt} \qquad (5-22)$$

其中，k_{jt} 为行业 j 于时期 t 资本存量的对数形式，$\bar{k}_j$ 为行业 j 观察期内的平均资本存量；ρ 为资本惯性。考虑到 ρ 值为负的情况，用其绝对值测度资本粘性，即 |ρ| 表示资本调整成本。|ρ| 越大，说明资本粘性越大，资本存量变动阻力越强。对 24 个行业组分别进行回归估计，得到各行业组 ρ 值（分行业资本存量描述性统计见附表 4），具体见表 5 - 8。

表 5 - 8　　　　　　　　分行业资本惯性估计结果

ID	1	2	3	4	5	6	7	8	9	10	11	12
ρ	- 0.52	- 0.149	- 0.481	- 0.218	- 0.448	- 0.287	- 0.513	- 0.225	- 0.354	- 0.21	- 0.235	- 0.22
ID	13	14	15	16	17	18	19	20	21	22	23	24
ρ	- 0.219	- 0.196	- 0.448	- 0.298	- 0.217	- 0.237	- 0.158	- 0.312	- 0.297	- 0.276	- 0.11	- 0.343

资料来源：根据 stata 软件结果整理。其中，ID 为行业代码序号，具体行业分类见附表 3。

5.2.2.2　资本劳动比与资本调整成本的拟合关系

由于 K/L 值与资本调整成本之间存在非线性关系，参数估计无法反映两者趋势。在此采用非参数法（高斯核密度估计）对两者关系参数进行估计，具体非参数模型如下：

$$\rho_j = f(K_j/L_j) + \varepsilon_j \qquad (5-23)$$

其中，f(·) 为待估计的未知函数；ρ_j 为行业 j 资本惯性；K_j/L_j 为行业 j 观察期内年均 K/L 值；ε_j 为残差项。高斯核密度逐点估计结果见表 5 - 9。

表 5 - 9　　　　　　　高斯核密度逐点估计值（ρ）

K/L	ρ	K/L	ρ	K/L	ρ	K/L	ρ	K/L	ρ
2.543	- 0.287	2.630	- 0.264	2.716	- 0.250	2.803	- 0.299	2.889	- 0.404
2.547	- 0.287	2.634	- 0.265	2.720	- 0.248	2.807	- 0.300	2.894	- 0.403
2.552	- 0.281	2.638	- 0.265	2.725	- 0.246	2.811	- 0.299	2.898	- 0.404
2.556	- 0.269	2.643	- 0.266	2.729	- 0.244	2.816	- 0.299	2.902	- 0.405
2.560	- 0.257	2.647	- 0.268	2.733	- 0.242	2.820	- 0.304	2.907	- 0.401
2.565	- 0.249	2.651	- 0.271	2.738	- 0.239	2.824	- 0.311	2.911	- 0.395
2.569	- 0.242	2.656	- 0.275	2.742	- 0.237	2.829	- 0.317	2.915	- 0.387
2.573	- 0.237	2.660	- 0.278	2.746	- 0.234	2.833	- 0.321	2.920	- 0.370
2.578	- 0.232	2.664	- 0.279	2.751	- 0.231	2.837	- 0.323	2.924	- 0.351

续表

K/L	ρ	K/L	ρ	K/L	ρ	K/L	ρ	K/L	ρ
2.582	−0.228	2.669	−0.278	2.755	−0.232	2.842	−0.326	2.928	−0.329
2.586	−0.238	2.673	−0.276	2.759	−0.235	2.846	−0.335	2.933	−0.308
2.591	−0.246	2.677	−0.274	2.764	−0.241	2.850	−0.344	2.937	−0.286
2.595	−0.252	2.682	−0.271	2.768	−0.247	2.855	−0.352	2.941	−0.262
2.599	−0.256	2.686	−0.266	2.772	−0.252	2.859	−0.360	2.946	−0.234
2.604	−0.259	2.690	−0.261	2.777	−0.262	2.863	−0.368	2.950	−0.199
2.608	−0.262	2.694	−0.254	2.781	−0.273	2.868	−0.375	2.954	−0.155
2.612	−0.263	2.699	−0.252	2.785	−0.283	2.872	−0.380	2.959	−0.134
2.617	−0.263	2.703	−0.252	2.790	−0.292	2.876	−0.386	2.963	−0.133
2.621	−0.263	2.707	−0.252	2.794	−0.296	2.881	−0.391	2.967	−0.132
2.625	−0.264	2.712	−0.251	2.798	−0.298	2.885	−0.398	2.972	−0.131

资料来源：根据 stata 软件结果整理。

图 5 - 2 绘制了资本惯性 ρ 与资本劳动比 K/L 之间高斯核密度非线性拟合线和分段线性拟合线，并加入了前述表 5 - 8 中 24 个行业资本惯性 ρ 估计值的散点分布。分段线性拟合过程是以资本劳动比 K/L 的取值进行断点分割，根据前述表 5 - 9 中高斯核密度点估计值，取 2.747 和 2.994 作为资本劳动比的分割点，分三个区间对表 5 - 9 中资本惯性 ρ 与资本劳动比 K/L 进行线性拟合，得到图 5 - 2 中三段斜率具有显著性差异的拟合直线。

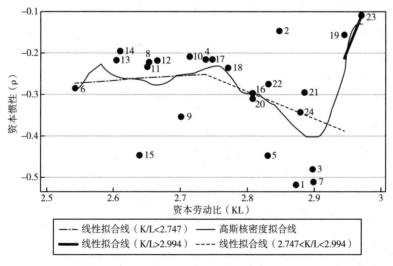

图 5 - 2　资本劳动比与资本调整成本拟合关系

由图可见，ρ 与 K/L 之间的分段线性拟合与非线性高斯核密度拟合线的趋势是吻合的，皆呈现出不规则的"U"型曲线，尤其在资本劳动比为 2.7 和 3 之间"U"型轨迹更为明显。图中 24 个行业的资本惯性 ρ 值分布与拟合线趋势大体上也是同步的，由于资本惯性 ρ 值与资本粘性 ρ 的绝对值具有对称的分布形状，而资本调整成本是以 ρ 的绝对值（资本粘性）进行测度，因此推断出资本调整成本与 K/L 呈倒"U"型关系，即两头小中间大，中间峰谷部分的资本调整成本最大，这与理论预期相符。

5.2.3 资本劳动比与投资—股价信息敏感度关系检验

5.2.3.1 建立模型

进一步检验资本劳动比与投资—股价信息敏感度关系。主要有以下思路：资本调整成本较大时，即使管理者从股价中获取较多有价值的信息，也不会进行相应的决策调整，企业投资—股价信息敏感度也就偏低。因此，通过对不同企业资本劳动与企业的投资—股价信息敏感度大小比较，可以确定资本劳动比对其影响。具体检验模型见式（5-24）：

$$
\begin{cases}
I_{it} = a_0 + a_1 information_{it-1} + \sum \lambda_n control_{it} + industry + year + region + \varepsilon_{it} \\
\quad if\ F(K/L) \in (0,a) \\
I_{it} = b_0 + b_1 information_{it-1} + \sum \lambda_n control_{it} + industry + year + region + \varepsilon_{it} \\
\quad if\ F(K/L) \in (a,b) \\
\cdots \\
I_{it} = \kappa_0 + \kappa_1 information_{it-1} + \sum \lambda_n control_{it} + industry + year + region + \varepsilon_{it} \\
\quad if\ F(K/L) \in (\kappa,1)
\end{cases}
$$

$$(5-24)$$

其中，a,b,…,κ 为 0 到 1 之间的等差序列；K/L 为观察期内企业资本劳动比均值；F（·）为累积分布函数；I 为被解释变量，为企业 i 与 t 期的投资规模；information 为投资决策制定时所投入的股价信息量，以 t-1 期股价信息含量衡量；control 为控制变量，包括托宾 Q、企业现金流、资产负债率、企业规模、总资产周转率、企业年龄等；industry 为产业虚拟变量，year 为时间虚拟变量；region 为地区（东中西）虚拟变量；$\varepsilon_{it} \sim N(0,\sigma^2)$ 为残差

项。通过回归得到各组股价信息含量估计值 a_1，b_1，$\cdots$，κ_1，通过 $|a_1|$，$|b_1|$，$\cdots$，$|\kappa_1|$ 衡量各企业组投资—股价信息敏感度（δ），并检验 δ 是否与 K/L 呈 "U" 型趋势，以检验假设 H。

另外，由于宏观经济环境与企业所处生命周期的阶段不同，投资周期存在差异，国外相关研究一般设定为 1～3 年（David，2016）。考虑当前中国经济处于中高速增长阶段，在此设定企业投资周期为 1～2 年。在此分别对投资周期为 1 年和 2 年的企业投资—股价信息灵敏度进行估计。考虑到模型中已采用滞后项 information 作为解释变量，下述回归过程中将不再考虑内生性问题，而是统一采用 OLS 法直接回归。

5.2.3.2 变量与数据

1. 核心变量定义与测度方法说明

（1）企业投资规模。以往研究多以投资率作为被解释变量，笔者认为这种做法存在不妥之处，主要是因为该指标的性质处于 "存量" 与 "流量" 之间，股价信息含量是纯 "流量" 值，即受当期特质信息注入量有关，而不与前期特质信息有关。因此，若采用投资率作为被解释变量，则会削弱股价信息含量的解释力度，将造成投资—股价信息敏感度结果失真。在此直接采用期 t 内企业投资额的自然对数表示，同时模型中加入企业总资产，在控制企业规模的同时，也对价格指数变化予以控制，因此不用再进行平减处理。

（2）股价信息含量（information）指标测度方法与前文相同。另外，投资周期 t 为 1 年时，管理者制定决策时可能会参考前 2 年内的股价信息，因此采用 Inf_lag、Inf_iv 与 Inf_lag2 分别作为投资决策投入的股价信息含量（变量定义见表 5-10 中对应的描述性统计），以确保企业投资—股价信息敏感度结果的稳健性。投资周期为 2 年时，直接采用 t-1 期 information 作为投资决策投入的股价信息含量。

2. 数量处理、来源与变量描述性统计

考虑数据的完整性与可获得性，在此同样选取 2006～2015 年 A 股 1083 家非金融上市公司的样本数据。由于设定投资周期为 1 年或 2 年，因此除对投资周期为 1 年的相关变量数据进行整理外，还对投资周期为 2 年的相关变量数据进行了整理。将观察期分为 2006～2007 年、2008～2009 年、2010～2011 年、2012～2013 年和 2014～2015 年共 5 个投资周期，各变量以投资周

期内的年平均值作为测度指标。股票日度交易数据、财务信息、公司治理等数据均来自 CSMAR 数据库。变量代码和测度方法以及变量值的描述性统计见表 5 – 10。

表 5 – 10　　　　　　　　　　变量描述性统计

变量	测度方法	样本量	均值	方差	Min	Max
I	（固定资产 + 无形资产 + 其他长期资产支出额）	10599	17. 53	2. 54	7. 00	25. 66
information	Ln（1 – R2/R2）	10559	0. 34	0. 68	– 1. 15	2. 53
inf_lag	$information_{t-1}$	9482	0. 29	0. 67	– 1. 19	2. 52
inf _iv	（$information_{t-1}$ + $information_{t-2}$）/2	9263	0. 61	1. 09	– 1. 61	3. 82
inf _lag2	$information_{t-2}$	8584	0. 30	0. 72	– 2. 90	5. 96
ToinQ	t – 1 期企业托宾 Q 值	10830	1. 69	1. 81	0. 20	11. 69
cash	（现金及现金等价物期末额）/总资产账面值	10827	0. 15	0. 40	– 0. 47	2. 87
fuzhai	负债水平：年末负债/年末总资产	10827	0. 56	0. 31	0. 08	2. 63
size	企业规模：总资产对数	10827	21. 70	1. 34	10. 84	27. 96
sale	总资产周转率：主营业务收入/总资产	10514	20. 24	2. 36	7. 13	28. 70
age	企业年龄：企业上市年数的对数	10830	14. 80	4. 97	– 1. 00	37. 00
SOE1	实际控制人为国有企业性质为 1，其他为 0	10830	0. 67	0. 47	0. 00	1. 00
information	Ln［（1 – R2）/R2］；R2 为模型拟合优度	10559	0. 34	0. 68	– 1. 15	2. 53
I2	期 t（2 年跨度）内企业年平均投资额	5206	17. 57	2. 18	8. 71	25. 51
inf _lag	期 t – 1（2 年跨度）内年平均股价信息含量	5165	0. 65	1. 11	– 1. 61	3. 82
Q2	期 t – 1（2 年跨度）内年平均托宾 Q 值	5415	1. 69	1. 63	0. 20	11. 69
fuzhai2	期 t（2 年跨度）内年平均资产负债率 Q 值	5412	0. 56	0. 30	0. 08	2. 63
size2	期 t（2 年跨度）内企业年平均规模	5412	21. 70	1. 32	11. 10	27. 90
liquid2	期 t（2 年跨度）内企业年现金流水平	5412	0. 15	0. 38	– 0. 47	2. 87
sale2	期 t（2 年跨度）内企业年均总资产周转率	5134	20. 28	2. 02	9. 19	28. 51

5.2.3.3　实证检验及结果

实证研究部分共包括三部分。第一部分主要设定投资周期为 1 年，对投资—股价信息敏感度进行估计。另外，考虑分组对结果稳健性的影响，将样本企业按资本劳动比（K/L）分别均分为 10 组和 5 组，检验并比较各组投资—股价信息灵敏度大小。第二部分是设定投资周期为 2 年时的估计结果。第三部是对回归结果的讨论。

1. 资本调整成本与投资—股价信息灵敏度

（1）分 10 组样本检验结果。

首先，对投资周期为 1 年、inf_lag 作为投资决策投入的变量时的企业投资—股价信息敏感度进行估计。同时，按企业资本劳动比值（K/L）累积分布情况，将样本企业平均分为 10 组①。

回归结果见表 5 - 11。结果表明，各列中 inf_lag 整体显著为负，说明股价信息含量提升对企业投资有抑制作用。可以解释为，股价信息含量提升有助于降低其所面临的不确定性，进而调整投资决策。当前企业对未来行业发展预期过高，加之软融资约束，更倾向于激进式投资。因此，股价信息含量提升更倾向于降低企业过度投资风险。股价信息发挥其资源配置作用，对企业投资产生的影响可能为正，也可能为负，这取决于企业所处生命周期和宏观经济环境。

分组回归结果表明：（0.9~1）列投资—股价信息敏感度（δ，即 inf_lag 估计系数绝对值）最大，显著为 0.775；（0.8~0.9）列的 δ 值为 0.679，显著大于 0.6；（0~0.1）列、（0.1~0.2）列和（0.5~0.6）列 δ 值分别为 0.346、0.337 和 0.37，位于 0.3~0.4 之间；（0.3~0.4）列、（0.6~0.7）列和（0.7~0.8）列的估计系数不显著，说明相关企业组的投资—股价信息敏感度最低。整体而言，各列结果中 δ 值呈两端高、中间低的形态，即 δ 随 K/L 增大而呈不规则"U"型变化趋势，与理论预期相符。

控制变量方面：只有（0~0.1）列 L.Q 估计系数显著为正，其他列的估计系数整体不显著；各列中 cash 估计系数显著为正，说明现金流水平越高，企业投资规模越大；除（0.1~0.2）列之外，fuzhai 整体不显著，说明样本企业整体负债水平对投资约束不大；各列中 sale 系数整体为正，说明总

---

① 按资本劳动比值分年份对样本企业进行分组。后文结果报告中（0~0.1）、（0.1~0.2）等表示各累积分布函数区间。

表5－11　　投资—股价信息敏感度估计结果（inf_lag，1 年，10 组分）

变量	(0~0.1)	(0.1~0.2)	(0.2~0.3)	(0.3~0.4)	(0.4~0.5)	(0.5~0.6)	(0.6~0.7)	(0.7~0.8)	(0.8~0.9)	(0.9~1)
inf_lag	-0.346***	-0.337***	-0.256**	-0.144	-0.447***	-0.370***	-0.098	-0.145	-0.679***	-0.775***
	(-2.67)	(-3.12)	(-1.98)	(-1.28)	(-4.27)	(-3.09)	(-0.84)	(-1.17)	(-4.77)	(-4.48)
L.Q	0.136**	0.008	-0.099**	-0.001	-0.032	0.043	0.021	0.019	0.037	0.043
	(2.01)	(0.19)	(-2.02)	(-0.01)	(-0.65)	(0.82)	(0.40)	(0.33)	(0.58)	(0.72)
cash	0.935***	0.481***	1.214***	0.720***	0.911***	1.201***	0.514***	0.106	0.455	0.951***
	(6.29)	(3.80)	(6.03)	(3.09)	(4.54)	(4.96)	(2.76)	(0.45)	(1.15)	(3.97)
fuzhai	-0.385	-0.109	-0.587**	0.234	-0.000	0.004	-0.196	0.055	0.170	-0.170
	(-1.51)	(-0.48)	(-1.98)	(0.73)	(-0.00)	(0.02)	(-0.58)	(0.21)	(0.55)	(-0.70)
size	0.274***	0.189***	0.412***	0.302***	0.137**	0.432***	0.351***	0.184**	0.127	0.109
	(3.82)	(3.12)	(5.14)	(4.08)	(2.23)	(6.38)	(4.71)	(2.34)	(1.42)	(0.96)
sale	0.182***	0.341***	0.103***	0.133***	0.253***	0.273***	0.326***	0.127***	0.254***	0.182***
	(6.36)	(10.18)	(2.87)	(3.92)	(8.29)	(6.80)	(8.55)	(3.69)	(6.46)	(4.38)
age	-0.010	-0.017	-0.040**	-0.002	-0.010	0.028*	-0.013	-0.064***	-0.016	-0.024
	(-0.71)	(-1.40)	(-2.55)	(-0.13)	(-0.76)	(1.94)	(-0.90)	(-4.15)	(-0.86)	(-1.06)
SOE1	0.743***	0.498**	0.014	0.485***	0.660***	0.117	0.684***	0.422**	0.541***	0.872***
地区	Yes	Yes	Yes	Yes	Yes	Yes	Yes	Yes	Yes	Yes
年份	Yes	Yes	Yes	Yes	Yes	Yes	Yes	Yes	Yes	Yes
行业	Yes	Yes	Yes	Yes	Yes	Yes	Yes	Yes	Yes	Yes
_cons	8.610***	5.147***	9.043***	10.159***	10.336***	2.678	2.341	9.781***	8.182***	9.515***
	(5.02)	(3.09)	(4.25)	(5.51)	(6.43)	(1.52)	(1.26)	(4.92)	(3.15)	(3.32)
N	902	932	918	960	917	932	916	890	881	801

注：括号内为 t 统计量；*p<0.1，**p<0.05，***p<0.01。

资产周转率越高，企业投资规模越大；SOE 系数为正，说明国有企业投资规模大于非国有企业。

其次，对 inf_iv 作为投资决策投入的变量时的企业投资—股价信息敏感度进行估计，结果见表 5－12。

回归结果表明：（0.8~0.9）列和（0.9~1）列的投资—股价信息敏感度（δ，inf_iv 估计系数绝对值）分别为 0.527 和 0.562，显著大于 0.5；（0.1~0.2）列、（0.4~0.5）列、（0.5~0.6）列的值依次为 0.212、0.274 和 0.243，显著大于 0.2；（0.6~0.7）列的 δ 值显著为 0.164，偏小；而（0.7~0.8）列的 δ 值在 0.1 的显著性水平下不显著。整体而言，除（0~0.1）列 δ 值的"地位"与前文结果存在差别以外（偏下），其他基本相符。

表 5 – 12　　投资—股价信息敏感度估计结果（inf_iv，1 年，10 组分）

变量	(0~0.1)	(0.1~0.2)	(0.2~0.3)	(0.3~0.4)	(0.4~0.5)	(0.5~0.6)	(0.6~0.7)	(0.7~0.8)	(0.8~0.9)	(0.9~1)
inf_iv	-0.150 *	-0.212 ***	-0.189 **	-0.182 ***	-0.274 ***	-0.243 ***	-0.164 **	-0.120	-0.527 ***	-0.562 ***
	(-1.90)	(-3.19)	(-2.32)	(-2.60)	(-4.10)	(-3.29)	(-2.25)	(-1.49)	(-5.91)	(-5.08)
L.Q	0.151 **	0.014	-0.117 **	0.003	-0.037	0.042	0.049	0.026	0.056	0.042
	(2.20)	(0.32)	(-2.34)	(0.04)	(-0.75)	(0.80)	(0.94)	(0.43)	(0.86)	(0.71)
cash	0.995 ***	0.498 ***	1.266 ***	0.728 ***	0.910 ***	1.252 ***	0.676 ***	0.066	0.303	0.933 ***
	(6.54)	(3.88)	(6.19)	(3.12)	(4.54)	(5.05)	(3.48)	(0.28)	(0.76)	(3.81)
fuzhai	-0.462 *	-0.059	-0.467	0.225	-0.025	-0.043	-0.065	0.132	0.194	-0.285
	(-1.75)	(-0.25)	(-1.56)	(0.70)	(-0.11)	(-0.17)	(-0.19)	(0.51)	(0.63)	(-1.13)
size	0.293 ***	0.205 ***	0.429 ***	0.304 ***	0.129 **	0.436 ***	0.328 ***	0.167 **	0.126	0.071
	(4.01)	(3.34)	(5.27)	(4.08)	(2.09)	(6.41)	(4.31)	(2.09)	(1.38)	(0.62)
sale	0.179 ***	0.337 ***	0.090 **	0.131 ***	0.255 ***	0.259 ***	0.322 ***	0.129 ***	0.258 ***	0.176 ***
	(6.21)	(9.94)	(2.47)	(3.83)	(8.26)	(6.37)	(8.36)	(3.69)	(6.54)	(4.17)
age	-0.016	-0.018	-0.040 **	-0.001	-0.007	0.027 *	-0.016	-0.071 ***	-0.018	-0.028
	(-1.11)	(-1.45)	(-2.52)	(-0.07)	(-0.49)	(1.81)	(-1.07)	(-4.56)	(-0.99)	(-1.22)
SOE1	0.752 ***	0.415 **	0.036	0.478 ***	0.661 ***	0.073	0.630 ***	0.406 **	0.468 **	0.907 ***
	(3.92)	(2.07)	(0.20)	(3.02)	(4.14)	(0.44)	(3.97)	(2.08)	(2.29)	(3.80)
地区	Yes	Yes	Yes	Yes	Yes	Yes	Yes	Yes	Yes	Yes
年份	Yes	Yes	Yes	Yes	Yes	Yes	Yes	Yes	Yes	Yes
行业	Yes	Yes	Yes	Yes	Yes	Yes	Yes	Yes	Yes	Yes
_cons	8.209 ***	5.408 ***	8.884 ***	9.643 ***	10.093 ***	3.649 **	2.927	10.228 ***	8.932 ***	10.450 ***
	(4.55)	(3.29)	(4.15)	(5.13)	(6.08)	(2.06)	(1.52)	(4.96)	(3.33)	(3.62)
N	881	913	896	949	895	914	896	870	863	774

注：括号内为 t 统计量；* p<0.1，** p<0.05，*** p<0.01。

　　最后，对 inf_lag2 作为投资决策投入的变量时的企业投资—股价信息敏感度进行估计，结果见表 5 – 13。

　　回归结果表明，（0.9~1）列中 δ 值（即 inf_lag2 回归系数的绝对值）显著为 0.743，（0~0.1）列和（0.8~0.9）列 δ 值分别为 0.564 和 0.537，显著大于 0.5；（0.1~0.2）列和（0.4~0.5）列 δ 值分别为 0.361 和 0.498，处在 0.3~0.5 之间；（0.2~0.3）列、（0.5~0.6）列、（0.6~0.7）列、（0.7~0.8）列 δ 值依次为 0.234、0.259、0.246 和 0.218，皆在 0.2~0.3 之间。所以总体而言，各列 δ 值"地位"与前文基本相符，表明 δ 与 K/L 之间存在"U"型关系①。

---

① 地位是指数值之间的大小排列位置。若排列位置没有发生变化，则说明地位没有变化。

表 5 – 13 投资—股价信息敏感度估计结果（inf_lag2，1 年，10 组分）

变量	(0~0.1)	(0.1~0.2)	(0.2~0.3)	(0.3~0.4)	(0.4~0.5)	(0.5~0.6)	(0.6~0.7)	(0.7~0.8)	(0.8~0.9)	(0.9~1)
inf_lag2	-0.564 ***	-0.361 ***	-0.234 *	-0.132	-0.498 ***	-0.259 **	-0.246 **	-0.218 *	-0.537 ***	-0.743 ***
	(-4.46)	(-3.26)	(-1.83)	(-1.17)	(-4.64)	(-2.16)	(-2.24)	(-1.67)	(-3.71)	(-4.56)
L.Q	0.114 *	0.005	-0.079	-0.022	-0.056	0.021	0.025	0.027	0.035	0.052
	(1.71)	(0.11)	(-1.60)	(-0.33)	(-1.11)	(0.40)	(0.47)	(0.43)	(0.53)	(0.88)
liquid	0.844 ***	0.445 ***	1.032 ***	0.652 ***	0.849 ***	1.091 ***	0.435 **	0.127	0.476	0.804 ***
	(5.51)	(3.37)	(5.02)	(2.81)	(4.11)	(4.39)	(2.28)	(0.52)	(1.15)	(3.27)
fuzhai	-0.296	-0.044	-0.643 **	0.332	0.031	-0.005	-0.235	0.064	0.258	-0.048
	(-1.17)	(-0.19)	(-2.09)	(1.01)	(0.13)	(-0.02)	(-0.68)	(0.23)	(0.77)	(-0.19)
size	0.266 ***	0.177 ***	0.387 ***	0.282 ***	0.106 *	0.414 ***	0.289 ***	0.213 **	0.182 *	0.125
	(3.59)	(2.80)	(4.62)	(3.76)	(1.68)	(5.77)	(3.91)	(2.58)	(1.94)	(1.07)
sale	0.190 ***	0.331 ***	0.118 ***	0.119 ***	0.252 ***	0.258 ***	0.271 ***	0.112 ***	0.280 ***	0.180 ***
	(6.42)	(9.36)	(3.04)	(3.43)	(7.89)	(6.03)	(6.65)	(3.05)	(6.53)	(4.14)
age	-0.004	-0.020	-0.053 ***	-0.015	-0.009	0.024	-0.015	-0.067 ***	-0.005	-0.027
	(-0.28)	(-1.53)	(-3.22)	(-1.01)	(-0.67)	(1.53)	(-0.98)	(-4.03)	(-0.26)	(-1.15)
SOE1	0.783 ***	0.609 ***	-0.090	0.520 ***	0.749 ***	0.192	0.871 ***	0.477 **	0.475 **	0.950 ***
	(3.96)	(2.94)	(-0.47)	(3.21)	(4.65)	(1.09)	(5.22)	(2.29)	(2.19)	(3.84)
地区	Yes	Yes	Yes	Yes	Yes	Yes	Yes	Yes	Yes	Yes
年份	Yes	Yes	Yes	Yes	Yes	Yes	Yes	Yes	Yes	Yes
行业	Yes	Yes	Yes	Yes	Yes	Yes	Yes	Yes	Yes	Yes
_cons	8.183 ***	5.782 ***	9.373 ***	10.369 ***	11.019 ***	4.007 **	3.003	9.422 ***	5.914 **	9.859 ***
	(4.51)	(3.32)	(4.11)	(5.46)	(6.53)	(2.10)	(1.44)	(4.38)	(2.36)	(3.27)
N	819	846	832	862	828	841	829	800	793	728

注：括号内为 t 统计量；*p<0.1，**p<0.05，***p<0.01。

（2）分 5 组样本检验结果。

①投资周期为 1 年。根据资本劳动比值大小分布，进一步将样本企业均分成 5 组。表 5 – 14 列示了投资周期为 1 年且分 5 组的投资—股价信息敏感度估计检验结果。

采用 inf_lag、inf_lag2 变量作为回归方程的解释变量时，同一组回归结果中这两个变量的回归系数的显著性与地位一致，并且都表现出如下特点：除 K/L（0.6~0.8）列不显著外，其他列的估计系数均显著为负。K/L（0.8~1）列的投资—股价信息敏感度（δ 值）最大，显著高于 0.4，K/L（0~0.2）列次之，位于 0.3~0.4 之间，δ 随 K/L 值增加，呈"U"型变化趋势明显。

采用 inf_iv 变量作为回归方程的解释变量时，其估计系数均为负，但 K/L（0~0.2）列 δ 值的地位偏低，仅为 0.15，这与前文结果一致。整体而言，δ 与 K/L 存在不规则"U"型关系，不过显著性较低。

表 5 - 14　　　　投资—股价信息敏感度估计结果（1 年，5 组分）

变量	K/L (0 ~ 0.2)	K/L (0.2 ~ 0.4)	K/L (0.4 ~ 0.6)	K/L (0.6 ~ 0.8)	K/L (0.8 ~ 1)
inf_lag	− 0.346 *** (− 2.67)	− 0.337 *** (− 3.12)	− 0.256 ** (− 1.98)	− 0.144 (− 1.28)	− 0.447 *** (− 4.27)
Other control	yes	yes	yes	yes	yes
N	902	932	918	960	917
inf_iv	− 0.150 * (− 1.90)	− 0.212 *** (− 3.19)	− 0.189 ** (− 2.32)	− 0.182 *** (− 2.60)	− 0.274 *** (− 4.10)
Other control	yes	yes	yes	yes	yes
N	881	913	896	949	895
inf_lag2	− 0.564 *** (− 4.46)	− 0.361 *** (− 3.26)	− 0.234 * (− 1.83)	− 0.132 (− 1.17)	− 0.498 *** (− 4.64)
Other control	yes	yes	yes	yes	yes
N	819	846	832	862	828

注：括号内为 t 统计量；* p < 0.1，** p < 0.05，*** p < 0.01。

②投资周期为 2 年。将投资周期 t 放宽至 2 年，以滞后期股价信息含量（L. inf_iv）作为企业投资决策的投入变量，对企业投资—股价信息敏感度进行估计。

表 5 - 15 为投资周期为 2 年 5 个分组和全样本组的回归结果。结果显示：全样本列的 δ 值为 0.277；K/L（0.8 ~ 1）列的 δ 值为 0.527，最大；K/L（0 ~ 0.2）列的 δ 值为 0.309，次之；K/L（0.2 ~ 0.4）、K/L（0.6 ~ 0.8）列的 δ 值分别为 0.145 和 0.152，位于 0.1 ~ 0.2 之间。整体而言，δ 值随 k/L 值增加呈"U"型变化趋势，与前文结果相符。

另外，各列估计系数显著性水平整体高于前文投资周期为 1 年的估计结果，说明企业投资周期设定为 2 年更为合理，投资决策频率为 2 年左右。

表 5 - 15　　　　投资—股价信息敏感度估计结果（2 年，5 组分）

变量	K/L (0 ~ 0.2)	K/L (0.2 ~ 0.4)	K/L (0.4 ~ 0.6)	K/L (0.6 ~ 0.8)	K/L (0.8 ~ 1)	全样本
L. inf_iv	− 0.309 *** (0.056)	− 0.145 ** (0.058)	− 0.255 *** (0.059)	− 0.152 ** (0.066)	− 0.527 *** (0.086)	− 0.277 *** (0.029)
L. Q2	− 0.020 (0.042)	− 0.079 * (0.046)	0.001 (0.044)	0.018 (0.051)	− 0.130 ** (0.054)	− 0.052 ** (0.021)
fuzhai2	− 0.155 (0.179)	− 0.691 *** (0.254)	− 0.079 (0.213)	− 0.325 (0.248)	− 0.053 (0.228)	− 0.158 (0.097)

续表

变量	K/L (0~0.2)	K/L (0.2~0.4)	K/L (0.4~0.6)	K/L (0.6~0.8)	K/L (0.8~1)	全样本
zichan2	0.137 *** (0.048)	0.304 *** (0.055)	0.247 *** (0.047)	0.209 *** (0.060)	0.089 (0.074)	0.211 *** (0.025)
cash	0.821 *** (0.113)	0.992 *** (0.171)	1.234 *** (0.185)	0.252 (0.171)	0.805 *** (0.264)	0.909 *** (0.075)
sale2	0.494 *** (0.029)	0.339 *** (0.032)	0.413 *** (0.034)	0.399 *** (0.035)	0.334 *** (0.044)	0.487 *** (0.015)
地区	Yes	Yes	Yes	Yes	Yes	Yes
年份	Yes	Yes	Yes	Yes	Yes	Yes
行业	Yes	Yes	Yes	Yes	Yes	Yes
N	810	832	818	780	698	3938
r^2	0.433	0.252	0.270	0.214	0.238	0.333

注：括号内为 t 统计量； $*p<0.1$ ， $**p<0.05$ ， $***p<0.01$ 。

2. 进一步讨论

计量部分对投资周期分别为 1 年、2 年时的企业投资—股价信息敏感度进行了估计。在此，对以何种股价信息作为投资决策投入变量问题进行深入讨论。采用 inf_lag、inf_lag2 作为解释变量时，投资—股价信息敏感度（δ值）分组"比较地位"没有发生明显变化，而采用 inf_iv 作为解释变量时，敏感度（δ）"地位"变化较大。这一定程度说明，企业制定投资决策时，更倾向于参考决策当前的反馈信息。

各模型结果表明，随着 K/L 值增加，投资—股价信息敏感度（δ）呈不规则"U"型变化趋势。这与调整成本（|ρ|）与 K/L 值之间的倒"U"型关系相呼应。即笔者认为，投资—股价信息敏感度"U"型变化的主要原因在于各类要素组合不同的企业所面临的资本调整成本差异。

值得注意的是，无论是 |ρ| 和 K/L 之间倒"U"型曲线的波峰，还是 δ 和 K/L 之间"U"型曲线的波谷，都是偏 K/L 分布函数的右侧，这说明两者存在同步性，也表明样本企业中劳动密集型企业比重较大，这是上市企业类型和中国企业类型分布的缩影，表明中国产业结构水平依旧较低。而这种产业结构水平下的资本调整成本虽然较低，投资周期较快，但要素生产率和市场集中度较低，容易产生资源错配问题。

5.3　本章小结

本章实证分析了决定股票市场经济影响的场内外因素。一是场内因素方面。考虑到知情人与噪音交易者之间存在信息制衡（即噪音可能冲销特质信息，使特质信息注入股价"变数"增加，进而影响股价信息含量），故第一节从交易者行为制衡视角，分析了市场低效率成因。二是场外因素方面。考虑到资本调整成本较大时，即使股价提供有价值的信息，企业也无法调整投资决策，这会降低反馈效应强度，同时会削弱投资者收集信息的积极性，使股价启示效率和股价预期效率下降，故第二节重点检验资本调整成本对反馈效应的影响。

场内因素分析结果表明，在知情人—噪音交易者制衡态势变化情况下，知情人、噪音交易者活动对股价信息效率的贡献也发生变化，两者呈微弱的"此消彼长"状态，进而证明了两者制衡关系的存在性。具体分维度回归结果表明，机构投资者势力和市场行情两个维度表现出噪音交易者对知情人的单向抑制关系。分析师跟进水平、企业规模、所有制性质维度表现出知情人—噪音交易者双向抑制关系。基于两者相互制约程度，表明市场为"噪音交易者绝对强势"状态，具体表现为：知情人势力较弱时受到噪音交易者"绝对压制"，特质信息注入停止（或减少）；知情人势力较强时仅削弱了噪音影响（或无影响）。

场外因素分析结果表明：资本劳动比与资本调整成本呈倒"U"型关系，而与企业投资—股价信息敏感度呈"U"型关系。这说明，资本调整成本与反馈效应呈反向关系，资本调整成本阻碍了反馈效应。

综上，场内外因素通过影响市场信息效率，共同决定了股票市场的经济影响。

第 6 章

研究结论、启示与政策建议

6.1 研究结论与启示

6.1.1 经济发展决定股票市场向信息高效率市场转变

股票市场作为一种制度安排，其设计的初衷在于服务经济社会发展。转轨初期，中国股票市场功能定位是服务国企改革，扶持国企渡过资金困难时期，支撑了中国经济体制的渐进式转轨。但在"企业本位"的制度环境中，市场价值投资难以形成，决定了市场信息低效率的属性。由于制度跟进不及时，使其功能逐渐与经济社会发展需求脱节。从中国经济社会发展和经济转轨进程来看，中国特色社会主义进入新时代，正倒逼股票市场向信息高效率市场转变。

一是新时代下政府更注重在完善经济运行机制的同时，发展和完善生产关系，这具有重大的现实意义。制度红利带来中国经济腾飞，同时出现了收入差距扩大、社会结构不合理问题。正如结构主义学派所述，先富之人对发达国家的消费需求和文化认同感不断增强，造成大量人才、资金外流。另外，内需不足的重要原因在于收入不平等。因此，完善生产关系、缩小收入差距、优化社会结构成为当务之急。这有利于促进整体人力资本投资和知识结构优化，进一步解放生产力。股票市场应成为公众分享经济增长成果的平台。同时，随着互联网、移动终端技术迅猛发展，社会进入全民炒股时代，股票市场依旧扮演"赌场"角色，已经不符合公众日益增长的投资需求，并可能引发严重的社会问题。

二是随着经济发展阶段推进，中国经济增长驱动由投资驱动逐渐向全要素生产率驱动转变。这要求政府进一步弥补市场失灵，提升市场效率，以改善资源错配局面。股票市场作为一种制度安排，高效率信息市场本身是一种对市场信息不完全的纠正与弥补。

三是从创新角度看，提升经济体"学习能力"这一重要禀赋是创新驱动的关键，需要不断提升社会知识存量。股票市场作为公共信息池，汇集了中国最优秀企业、企业家、优秀投资者等各方面信息。这些客观存在的"第一类"和"第三类"信息，有助于人们意会型知识的增加。另外，信息高效率市场的投资收益能够驱使更多投资者参与其中，实现自我学习、共享信息。这能够在增加社会知识存量的同时，加快民众对现代文明的追赶，改善现有的知识结构，增强创新动力。但如果股票市场依旧无法改变现有的局面，金融资本主义"割韭菜""竭泽而渔"式获利方式会造成大量投资者外流，而退出的投资者会通过告诫的方式，阻碍新投资者流入，影响股市长期发展，同时也会阻碍人们自发追赶现代文明的步伐。

6.1.2 股票市场信息低效率的负向经济影响显现

由本书关于股票市场的经济影响分析结果可知，信息低效率市场不但没有传递有价值的信息，反而因"反馈信息的误导性"和"错误定价引发的过度投资"，造成企业投资非效率。另外，企业决策者改善基本面的意愿正逐渐受到"侵蚀"。这说明当前中国股票市场的股价启示效率与股价预期效率均处于相对较低的水平，股票市场的负向经济影响显现，造成显著的资源错配问题。同时，在股票市场大幅波动的背景下，企业家可能"没有心思"去改善公司经营状况，而是寻求从股票市场套现的机会，实现最快的"暴富"。

这一问题应该受到重视。随着上市公司数量不断增加，二级市场对实体经济的影响力度将逐渐提高。股市信息效率的经济后果多样，如错误定价的影响、反馈效应等均会对企业价值产生影响（正或负），进而影响实体经济。因此，欧美发达国家不惜耗费大量资源建立二级市场是有其原因的。

在中国，转轨初期股票市场功能定位于"融资"，放松了上市企业融资约束，加速了经济快速增长，这是值得肯定的成绩。但随着经济社会发展阶段推进，信息低效率市场的负向经济影响已开始暴露。当然，除经济影响外，股票市场的社会影响问题也不容忽视。近年来，股市投资者基数、知识水平整体呈快速上升趋势，市场大幅波动会加剧社会不稳定，政府舆论压力骤增。

另外，除股价信息低效率使得股票市场影响偏负向，本书也发现了其正向影响的一面。基于企业研发视角，对反馈效应存在性进行的检验结果表明，股价信息含量提升会促进上市企业研发强度，产生"激励效应"。制造业企业激励效应强于非制造业企业，而高新技术企业激励效应最为明显。这一结论具有重要的启示，即：政府可以借助股票市场服务实体经济转型。政府应鼓励高新技术企业上市，并加快完善上市公司研发支出相关的信息披露准则，培养企业研发相关信息披露的自觉性，增强企业研发支出相关信息的透明度，由市场判断研发长期价值，进而激励企业研发行为。

6.1.3 场内外"双因素"决定了现阶段股票市场的经济影响

由于股票市场经济影响的微观基础是股价信息效率的经济后果，因此本书围绕市场信息效率水平问题，对决定股票市场经济影响的场内外因素展开分析。

场内因素方面，从市场交易者行为视角解释了市场信息低效率的成因。主要有以下考虑：除制度因素以外，特质信息能否注入股价是信息效率的关键。而噪音和特质信息之间能够相互冲销，即知情人与投机者之间存在信息制衡关系，这使得特质信息注入股价的"变数"增加。实证结果表明，中国股票市场，以机构投资者为代表的知情人和噪音交易者在股价信息效率贡献方面表现出微弱的"此消彼长"的制衡关系，但市场依旧为"噪音交易者绝对强势"。知情人交易并没有有效地遏制市场噪音，而噪音对交易者特质信息注入股价产生了"绝对压制"。这成为市场信息低效率的主要原因。

场外因素方面，考虑到企业接收信息的意愿（能力）会影响反馈效应，以及投资者搜集信息的动力；而资本调整成本越高，即使股价反馈信息，企业也无法调整投资决策，这会阻碍反馈效应，进而削弱投资者搜集信息的动力，降低市场信息效率。因此，场外因素重点检验了资本调整成本对反馈效应的阻碍作用。结论表明，资本调整成本与反馈效应呈反向关系，说明前者阻碍了反馈效应。

综上，场内外因素共同决定了现阶段股票市场的经济影响。未来增强股票市场服务功能，在提高市场信息效率的同时，应降低上市企业的资本调整成本。

6.2　政策建议

股票市场的经济影响与其社会影响是在两个维度同步发生的。因此，改善股票市场经济影响的同时，也是在改善其社会影响。中国股票市场自成立以来，大量中小投资者涌入市场，保证了市场流动性，帮助经济走出转轨痛苦时期。因此，中小投资者对中国股票市场发展是做出了贡献的。随着经济社会发展进程推进，市场机制和企业生存环境等都得到改善，股票市场不应再继续扮演"赌场"角色，而应以保护投资者利益为核心，建立信息高效率市场，使其成为人民分享经济增长成果的坚实平台，更好地服务于经济社会发展。根据研究结论，使投资者与上市公司之间借助股价这个信息载体形成信息互动，是提升股票市场信息效率并优化其经济影响的首要任务。

6.2.1　制度供给是提升市场信息效率的关键

6.2.1.1　政府应转变制度供给理念

政府是制度最大的供给者，如宪法秩序和社会基本规章制度都是由政府供给的。因此，新制度经济学派非常强调政府作为制度供给者的功能，并将政府视为一种组织、一种在某个特定地区内对合法使用强制性手段具有垄断权的制度安排，其主要功能是提供法律和秩序。

股票市场作为一种制度安排，促使其发生质变的关键在于政府供给理念的变化，即由"企业融资本位"转向"股东本位"。转轨期政府，应以动态视角定位股票市场的功能。转轨初期，"企业本位"的制度供给造成了企业融资约束的放松，对加快经济增长起到了积极的作用。但随着宏观经济环境、国内市场供求局面发生扭转，这种制度供给可能造成较严重的资源错配。同时，市场法律化跟进不及时，现有制度对投机者约束力度不足，造成了现在的投机性市场。噪音较大的市场环境中，机构投资者选择短期理性套利，中小投资者成为"刀俎鱼肉"。因此，需要政府转变"企业本位"的制度供给理念，严打市场违法违规行为，加快市场法律化进程，保护投资者利益，加大对上市公司侵害投资者利益行为的惩罚力度。

6. 2. 1. 2　摆脱制度的后发劣势

后发劣势是杨小凯首先提出来的，指后发国家模仿发达国家时，更倾向于模仿技术和管理模式，而这种技术模仿代替制度模仿的策略，虽然可以在短期内取得非常好的发展，但更多模仿技术的空间反而使制度改革被延缓，会给长期的发展留下许多隐患，甚至使长期发展可能失败①。而即使意识到制度的"后发劣势"，若无法摆脱新古典范式的种种弊端，那么制度变迁理论研究也只能停留在笼统的理论分析层面。（汪丁丁，1995；周业安，2000）。之所以如此说，是因为新古典范式相关研究无法处理信息、文化、政治等问题，而这些非经济因素恰恰是制度变迁重要的决定性因素。股票市场是典型的信息不完全市场，如果追溯到信息不完全成因，不难发现"信息不完全"本身具有内生性，而这种内生性强弱是由市场参与者之间经济权利（信息获取能力）的差异所决定的。从该角度看，如果一种制度不能防止资本禀赋较高者的机会主义行为，那么制度效率和市场效率将不会得到提升，如股票市场中投机者借助资金优势制造诱导信号套利的方式不会受到约束。这要求制度供给者在制度供给方面强化信息意识，多方面平衡参与者之间的信息势力差距。

为避免后发劣势，后发国家制度供给者可以通过研究和借鉴国外的制度演化历程和经验来降低"试错"成本。同时，政府首先应具有强大的信息获取能力，才能扮演好监管者和制度供给者的双重角色。而大数据技术为政府提供了强大的工具，大大提升了监管者的信息获取能力，缩小了本国与发达国家政府信息获取能力上的差距。监管从政府主导转变为公众参与共同治理，监管政策从"一刀切"转变为精准化，信息来源从小范围转变为大数据，监管时间从静态转变为动态，监管成本从现场监管高成本转变为非现场监管低成本，监管信息从封闭转变为公开、及时更新和创新信息获取技术。

---

① 杨小凯. 后发劣势 ［OL］. 2000 – 12 – 1. http：//www. unirule. org. cn/symposium/c181. html.

6.2.2　场内外多措施并举改善市场信息效率

一是推动市场势力向理性投资者倾斜。当前阶段，在制度跟进较慢的背景下，强化监管以削弱机会主义势力和市场噪音，是提升市场信息效率的关键。监管者应重视投机者势力过强问题。投机者势力增强不仅是因为流动性增加、消息炒作的助推，也可能是因为投机环境的改善。比如 IPO 提速，无疑是为投机提供了绝佳的"温床"，次新股板块吸金效应明显。投机者队伍不断壮大，一旦市场消息偏负向，借势做空市场引发市场波动的风险就会加大。因此，监管应重点严惩投机行为，严控融资杠杆比率。

二是政府加速养老金入市，扩大 QFII 配资规模，规范发展分析师行业等。监管部门应严控上市公司与投机商合谋行为，如不合时宜的除权、虚假信息披露、"讲故事"等，避免企业成为投机者的"帮凶"。

三是场外因素优化方面，应加快完善退市制度，提升上市公司质量。相关部门应严控上市公司再融资、股权质押、违规减持等行为。同时，应为优秀上市公司提供各种公共服务，降低其资本调整成本。

6.2.3　强化市场参与者的信息意识

6.2.3.1　监管者信息意识

一是政府相关部门、官方媒体发布的一条消息，或者重要官员、上市高管的讲话均可能引发股票市场巨幅震动或股价大幅波动。从 2015 年股灾发生的成因、处理手段等方面来看，相关部门信息意识有待进一步强化。

二是重视散户投资者的信息引导。首先，在恰当的时机发布官方消息，是防止市场恐慌的重要手段。各国重要官员都会在市场大幅波动时发表稳定市场的言论。比如，2018 年春节前夕国际市场大跌之时，美国和日本等国家重要政府官员均发表言论以提振股票市场信心。其次，为投资者提供更多有价值的信息，如缩短重要信息的发布和披露周期，防止媒体盲目评论股市行情等。

三是监管部门不宜过度重视市场指数波动。监管部门过度重视市场价格变化会导致其获取信息的渠道收窄，信息搜集能力下降。另外，市场下跌是"挤泡沫"的过程，只有在合理的价格水平，理性投资者才有新的进驻机会。因此，除因系统性风险导致的市场波动外，相关部门不应盲目采取反制措施，如通过官方媒体发布"见底"等与股指走势相关的言论。市场泡沫过高时，监管机构不宜采取"先发布严打信息，后采取行动"的策略，这将大大提高崩盘风险。

6.2.3.2　其他市场参与者的信息意识

一是上市公司信息意识对市场信息效率同样关键。包括信息披露意识、接收信息的意识等。因为投资者一旦发现搜集的信息不能够被企业接收，将削弱其搜集信息的积极性，股价信息效率将下降。因此，证监会应重视对上市公司高管信息意识的培养，将其作为公司高管考核的重要指标。这不仅能够提升企业信息披露质量，同时也能够对投资者信息搜集行为产生激励作用。

二是中小投资者作为市场主要交易者，在认知水平、证券投资知识以及信息意识等方面都存在不足。因此，证券投资知识"从娃娃抓起"是有必要的，只有中小投资者意识到股票价格本质是企业未来价值的反映，才会不受错误的诱导性信号干扰，减少非理性投资，使投机者无利可图，最终实现市场信息效率显著提升。

附　录

附表1　　　　　　　　　　　中国科技战略与经济发展回顾

时间	科技战略内容及战略目标	经济表现
1978 年 3 月	全国科学技术大会《1978～1985 年全国科学技术发展规划纲要（草案）》；邓小平提出"四个现代化，关键是科学技术现代化"	1978～1995 年，我国 GDP 从 3679 亿元增加到 6 万亿元，18 年间扩大了 15 倍，年均实际增长近 10%；人均 GDP 从 2350 元增加到 9448 元
1985 年 5 月 9 日	邓小平会见捷克斯洛伐克总统胡萨克时说，"马克思说过，科学技术是生产力，事实证明这话讲得很对。基于这一理论制定的科技兴国战略有力地推动了中国经济高速发展。"	
1995 年	《关于加速科学技术进步的决定》	1996～2005 年，我国 GDP 年均实际增速为 9.2%，大大超过世界平均水平；人均 GDP 从 10298 元增加到 21047 元，城镇居民人均可支配收入从 4839 元增加到 10493 元，劳动生产率从 12761 元/人提高到 25295 元/人。高技术产品出口占工业制成品出口比重从 12.4% 提高到 30.8%，提高了 18.4%
2006 年 1 月 26 日	《关于实施科技规划纲要　增强自主创新能力的决定》，《国家中长期科学和技术发展规划纲要（2006～2020）》	2006～2012 年，我国 GDP 年均实际增长 7.3%；居民收入水平大幅提高，人均 GDP 从 2006 年的 23596 元增加到 2012 年的 41043 元；人均可支配收入从 2006 年的 11759 元，增加到 2012 年的 24565 元；劳动生产率提高到 37814 元/人，是 2006 年的 1.4 倍；高技术产品出口占工业制成品出口比重稳定保持在 25%～30%
2007 年 10 月	党的十七大明确把提高自主创新能力、建设创新型国家作为国家发展战略的核心、提高综合国力的关键，强调坚持走中国特色的自主创新道路，把增强自主创新能力贯彻到现代化建设各个方面	

续表

时间	科技战略内容及战略目标	经济表现
2012 年 11 月	党的十八大，以习近平同志为核心的党中央提出"实施创新驱动发展战略"，强调科技创新是提高社会生产力和综合国力的战略支撑，必须摆在国家发展全局的核心位置	
2015 年	《关于深化体制机制改革加快实施创新驱动发展战略的若干意见》；修订《促进科技成果转化法》	
2016 年	《国家创新驱动发展战略纲要》；党中央通过"科技创新～2030 重大项目"建议；《国家创新驱动发展战略纲要》	
2017 年 10 月	党的十九大提出建设现代化经济体系的核心是打造创新强国	

资料来源：国际比较研究院编．《2017 新动能新产业发展报告》，中国统计出版社。

附表 2 行业分组（12 类）及企业 TFP 描述性统计（OP、LP 法测度结果）

分组代码	行业类型	行业代码	变量	观测值	均值	标准差	最小值	最大值
1	农林牧渔	A	TFP_LP	158	15.73	1.20	10.46	16.23
			TFP_OP	153	5.53	1.50	0.35	7.79
2	采矿	B	TFP_LP	330	3.29	0.10	2.79	3.48
			TFP_OP	320	17.69	1.77	8.00	19.17
3	劳动密集型	C13－C24	TFP_LP	991	3.04	0.12	2.18	3.32
			TFP_OP	953	8.03	1.97	0.35	14.68
4	技术密集型	C37－C40	TFP_LP	2995	2.84	0.13	2.18	3.18
			TFP_OP	2892	6.73	1.80	0.35	13.53
5	其他制造业	C41－C43	TFP_LP	1547	2.95	0.11	2.18	3.19
			TFP_OP	1498	11.04	1.67	2.13	15.33
6	电力、热力、燃气及水生产和供应	D	TFP_LP	671	3.09	0.12	2.45	3.32
			TFP_OP	646	10.67	2.03	0.35	15.61
7	建筑业	E	TFP_LP	264	3.12	0.11	2.75	3.30
			TFP_OP	247	13.19	2.16	4.38	17.23
8	生产性服务业	F、G、H、L	TFP_LP	1645	2.58	0.16	2.18	3.00
			TFP_OP	1583	5.63	1.85	0.35	12.34
9	信息传输、软件和信息技术服务业	I	TFP_LP	322	3.01	0.15	2.24	3.22
			TFP_OP	309	16.37	2.35	5.00	19.17

续表

分组代码	行业类型	行业代码	变量	观测值	均值	标准差	最小值	最大值
10	教育文化娱乐	P	TFP_LP	1147	2.90	0.14	2.18	3.19
			TFP_OP	1117	13.22	2.21	0.83	18.76
11	公共服务类	R、M、N、	TFP_LP	183	2.64	0.16	2.18	2.96
		O、Q	TFP_OP	177	14.11	2.01	4.85	18.52
12	综合	S	TFP_LP	205	2.74	0.17	2.18	3.02
			TFP_OP	197	5.95	2.18	0.35	13.11

注：行业代码所代表的是与《证监会行业分类标准》（2012）中行业代码首字母相同的行业。

附表3　　行业分组与样本企业分布情况（24行业）

ID	行业代码	企业数	行业
1	A01；A02；A03；A04；A05	160	农业；林业；畜牧业；渔业；农、林、牧、渔服务业
2	B06；B07；B08；B09；B11	350	煤炭开采和洗选业；石油和天然气开采业；黑色金属矿采选业；有色金属矿采选业；开采辅助活动
3	C13	150	农副食品加工业
4	C14	130	食品制造业
5	C15	270	酒、饮料和精制茶制造业
6	C17；C18	200	纺织业；纺织服装、服饰业
7	C19；C20；C21	70	皮革、毛皮、羽毛及其制品和制鞋；木材加工及木、竹、藤、棕、草制品；家具制造业
8	C22；C23；C25	250	造纸及纸制品业；印刷和记录媒介复制业；石油加工、炼焦及核燃料加工业
9	C26	600	化学原料及化学制品制造业
10	C27	680	医药制造业
11	C28；C29	220	化学纤维制造业；橡胶和塑料制品业
12	C30	300	非金属矿物制品业
13	C31	210	黑色金属冶炼及压延加工业
14	C32	240	有色金属冶炼及压延加工业
15	C33	90	金属制品业
16	C34；C37；C38	840	通用设备；铁路、船舶、航空航天和其他运输设备制造；电气机械及器材制造
17	C35；C36；C39；C40；C41；C42	1460	专用设备制造业；汽车制造业；计算机、通信和其他电子设备制造业；仪器仪表制造业；其他制造业；废弃资源综合利用业

ID	行业代码	企业数	行业
18	D44；D45；D46	700	电力、热力生产和供应业；燃气生产和供应业；水的生产和供应业
19	E47；E48；E50	270	房屋建筑业；土木工程建筑业；建筑装饰和其他建筑业
20	F51；F52；G53；G54；G55；G56；G58；G59；G60；H61；H62；L71；L72	1690	批发业；零售业；铁路运输业；道路运输业；水上运输业；航空运输业；装卸搬运和运输代理业；仓储业；邮政业；住宿业；餐饮业；租赁业；商务服务业
21	I63；I64；I65	330	电信、广播电视和卫星传输服务；互联网和相关服务；软件和信息技术服务
22	K70；P82；R85；R86；R87	1200	房地产；教育；新闻和出版；广播、电视、电影和影视录音制作；文化艺术
23	M73；M74；N77；N78；Q83	200	研究和试验发展；专业技术服务；生态保护和环境治理；公共设施管理；卫生
24	S90	220	综合

注：行业代码及名称参见《证监会行业分类标准》（2012）。

附表4　　　　　　　　24行业资本存量（对数）描述性统计

行业分类代码	样本量	均值	方差	最小值	最大值	行业分类代码	样本量	均值	方差	最小值	最大值
1	5415	2.78	0.49	2.03	7.18	13	150	2.66	0.30	2.13	3.36
2	80	2.87	0.72	2.30	4.71	14	105	2.61	0.23	2.21	3.09
3	175	2.85	0.56	2.23	5.07	15	120	2.61	0.36	2.08	3.97
4	75	2.97	0.74	2.35	5.06	16	45	2.64	0.15	2.34	2.79
5	65	2.74	0.32	2.28	3.51	17	420	2.81	0.43	2.20	4.12
6	135	2.83	0.58	2.07	4.37	18	350	2.77	0.46	2.17	4.45
7	100	2.54	0.23	2.19	2.97	19	135	2.95	0.60	2.38	4.60
8	35	2.90	0.11	2.78	3.14	20	845	2.81	0.54	2.09	7.18
9	125	2.65	0.32	2.18	3.80	21	165	2.88	0.74	2.11	5.89
10	300	2.70	0.34	2.09	4.32	22	600	2.83	0.52	2.08	4.65
11	340	2.72	0.34	2.30	4.10	23	100	2.97	0.49	2.19	4.22
12	110	2.65	0.26	2.24	3.36	24	110	2.88	0.57	2.17	4.81

注：24行业分类代码及名称见附表3。

参考文献

［1］巴曙松．中国金融监管改革的可能路径［J］．金融客，2015（11）．

［2］陈艳利等．资源配置效率视角下企业集团内部交易的经济后果——来自中国资本市场的经验正觉［J］．会计研究，2014（10）．

［3］丁志国等．噪音交易能驱逐理性套利吗？——噪音交易与理性套利的博弈分析［J］．财贸经济，2007（10）．

［4］辜胜阻等．构建服务实体经济多层次资本市场的路径选择［J］．管理世界，2016（4）．

［5］顾乃康，陈辉．股票流动性、股价信息含量与企业投资决策［J］．管理科学，2010（2）．

［6］关伟，张晓龙．A股市场错误定价的度量及影响因素研究［J］．经济理论与经济管理，2017（7）．

［7］韩立岩，蔡红艳．我国资本配置效率及其与金融市场关系评价研究［J］．管理世界，2002（2）．

［8］洪银兴．以创新的理论构建中国特色社会主义政治经济学的理论体系［J］．经济研究，2016（4）．

［9］胡旭阳，刘安超．政治关系与民营企业的首次公开发行市场准入［J］．财经论丛，2011（7）．

［10］姜超．证券分析师、内幕消息与资本市场效率——基于中国A股股价中公司特质信息含量的经验证据［J］．经济学（季刊），2013（2）．

［11］李常青等．半强制分红政策的市场反应研究［J］．经济研究，2010（3）．

［12］李君平，徐龙炳．资本市场错误定价、融资约束与公司融资方式选择［J］．金融研究，2015（12）．

[13] 李远鹏，牛建军. 退市监管与应计异象 [J]. 管理世界，2007 (5).

[14] 林祺. 资本市场效率与资产增长异象——最优投资效应假说 vs. 错误定价假说 [J]. 经济学（季刊），2016 (1).

[15] 林毅夫等. 经济发展中的最优金融结构理论初探 [J]. 经济研究，2009 (8).

[16] 林毅夫. 关于中国股市的问题 [J]. 中国经贸导刊，2001 (5).

[17] 刘克崮等. 深化改革建设投融资并重的资本市场 [J]. 管理世界，2013 (8).

[18] 鲁晓东，连玉君. 中国工业企业全要素生产率估计：1999—2007 [J]. 经济学（季刊），2012 (1).

[19] 陆蓉等. 资本市场错误定价与产业结构调整 [J]. 经济研究，2017 (11).

[20] 宋京津. 经济后果观下的内部控制信息披露问题——基于三大上市银行 2001 年—2008 年年报的思考 [J]. 审计与经济研究，2011 (26).

[21] 苏冬蔚，熊家财. 股票流动性、股价信息含量与 CEO 薪酬契约 [J]. 经济研究，2013 (11).

[22] 汪丁丁. 从交易费用到博弈均衡 [J]. 经济研究，1995 (9).

[23] 王菁等. 期望绩效反馈效果对企业研发和慈善捐赠行为的影响 [J]. 管理世界，2014 (8).

[24] 王艳艳等. 非财务信息披露是否能够改善资本市场信息环境？——基于社会责任报告披露的研究 [J]. 金融研究，2014 (8).

[25] 徐寿福等. 股权质押与大股东双重择时动机 [J]. 财经研究，2016 (6).

[26] 许小年. 从企业本位论到股东本位论——由《基金黑幕》引发的联想 [J]. 国际经济评论，2000 (12).

[27] 杨开元等. 资本市场应计异象：模型误设还是错误定价 [J]. 统计研究，2013 (10).

[28] 叶康涛，曾雪云. 内部资本市场的经济后果：基于集团产业战略的视角 [J]. 会计研究，2011 (6).

[29] 于丽峰等. 融资约束、股价信息含量与投资—股价敏感性 [J]. 金融研究，2014 (11).

[30] 袁知柱等. 股价信息含量对企业资源配置效率影响实证研究[J]. 东北大学学报（自然科学版），2012（11）.

[31] 袁知柱，鞠晓峰. 制度环境、公司治理与股价信息含量 [J]. 管理科学，2009（2）.

[32] 张永任，李晓渝. R^2 与股价中的信息含量度量 [J]. 管理科学学报，2010（5）.

[33] 周业安. 中国制度变迁的演进论解释 [J]. 经济研究，2000（5）.

[34] 朱茶芬等. 信息优势、波动风险与大股东的选择性减持行为[J]. 浙江大学学报（人文社会科学版），2010（2）.

[35] 朱红军等. 中国的证券分析师能够提高资本市场的效率吗——基于股价同步性和股价信息含量的经验证据 [J]. 金融研究，2007（2）.

[36] Acemoglu D. Training and Innovation in An Imperfect Labor Market [J]. Review of Economic Studies，1997，64（2）.

[37] Aghion P.，J. Stein. Growth vs. Margins：Destabilizing Consequences of Giving the Stock Market what it Wants [J]. The Journal of Finance，2008，63（3）.

[38] Amar B. The Hidden Cost of Stock Market Liquidity [J]. Journal of Financial Economics，1993，34（1）.

[39] Arrow K. J. The Economic-Implications of Learning by Doing [J]. Review of Economic Studies，1962，29（80）.

[40] Baker M.，et al. When does the Market Matter? Stock Prices and the Investment of equity-dependent firms [J]. The Quarterly Journal of Economics，2003，118（3）.

[41] Bakke T. E.，T. M. Whited. Which Firms Follow the Market? An Analysis of Corporate Investment Decisions [J]. The Review of Financial Studies，2010，23（5）.

[42] Barro R. J. The Stock Market and Investment [J]. The Review of Financial Studies，1986，3（1）.

[43] Baumol W. J.，R. E. Quant. Investment and Discount Rates Under Capital Rationing-A Programming Approach [J]. The Economic Journal，1965，75（298）.

[44] Belloc F. Corporate Governance and Innovation: A survey [J]. Journal of Economic, 2012, 26 (5).

[45] Bernhardt D. , et al. Investment and Insider Trading [J]. Reviews of Financial Studies, 1995, 8 (2).

[46] Bharath S. T. , et al. Exit as Governance: An Empirical Analysis [J]. The Journal of Finance, 2013, 68 (6).

[47] Bond P. , et al. Market-based Corrective Actions [J]. Review of Financial Studies, 2010, 23 (2).

[48] Bond P. , I. Goldstein. Government Intervention and Information Aggregation by Prices [J]. Journal of Finance, 2015, 70 (6).

[49] Boot A. W. , A. V. Thakor. Financial System Architecture [J]. Review of financial studies, 1997, 10 (3).

[50] Boyd J. H. , B. D. Smith. The Coevolution of Real and Financial Sectors in the Growth Process [J]. The World Bank Economic Reviews, 1996, 10 (2).

[51] Brandenburger A. , B. Polak. When Managers Cover their Posteriors: Making the Decisions the Market Wants to See [J]. The RAND Journal of Economics, 1996, 27 (3).

[52] Bulmash S. B. A new Paradigm: the Wealth Effect of the Stock Market on Consumption, in a Context of Interacting Bio-systems [J]. Journal of Socio-Economics, 2002, 31 (1).

[53] Campbell J. Y. , et al. Have Individual Stocks Become More Volatile? An Empirical Exploration of Idiosyncratic Risk [J]. Journal of Finance, 2001, 56 (1).

[54] Campello M. , J. R. Graham. Do Stock Prices Influence Corporate Decisions? Evidence from the Technology Bubble [J]. Journal of Financial Economics, 2013, 107 (1).

[55] Chakravarty S. Stealth trading: Which Traders Move Stock Prices [J]. Journal of Financial Economics, 2001, 61 (2).

[56] Chen Q. , et al. Price Informativeness and Investment Sensitivity to Stock Price [J]. Review of Financial Studies, 2007, 20 (3).

[57] Chirinko R. S. , et al. Fundamentals, Misvaluation, and Investment:

The Real Story [J]. CESifo Working Papers, 2007 (2).

[58] Chordia T. , et al. An Empirical Analysis of Stock and Bond Market Liquidity [J]. Review of Financial Studies, 2005, 18 (1).

[59] Cooper R. W. , C. H. John. On the Nature of Capital Adjustment Costs [J]. The Review of Economic Studies, 2006, 73 (256).

[60] David J. M. , et al. Information, Misallocation and Aggregate Productivity [J]. The Quarterly Journal of Economics, 2016, 131 (2).

[61] De Long, B. Shleifer, A. Summers. The Survival of Noise Traders in Financial Markets [J]. Journal of Business, 1991, 64 (1).

[62] Diamond D. , P. Dvbvig. Bank Runs, Deposit Insurance and Liquidity [J]. Journal of Political Economy, 1983, 91 (3).

[63] Dow J. , et al. Incentives for Information Production in Markets Where Prices Affect Real Investment [J]. Journal of the European Economic Association, 2017, 15 (4).

[64] Dow J. , G. Gorton. Stock Market Efficiency and Economic Efficient: Is there a Connection? [J]. The Journal of Finance, 1997, 52 (3).

[65] Durnev A. , et al. Capital Markets and Capital Allocation: Implications for Economies in Transition [J]. Economics of Transition, 2004, 12 (4).

[66] Fang V. W. , et al. Stock Market Liquidity and Firm Value [J]. Journal of Financial Economics, 2009, 94 (1).

[67] Farrell K. , D. Whidbee. Impact of Firm Performance Expectations on CEO Turnover and Replacement Decisions [J]. Journal of Accounting and Economics, 2003, 36 (1).

[68] Faure G. A. Using Stock Price Information to Regulate Firms [J]. Reviews of Economic Studies, 2002, 69 (1).

[69] Fazzari S. M. , B. C. Petersen. Working Capital and Fixed Investment: New Evidence on Financing Constraints [J]. The RAND Journal of Economics, 1993, 24 (3).

[70] Finkelstein S. , D. Hambrick. Strategic Leadership: Theory and Research on Executives, Top Management Teams and Boards [M]. New York: Oxford University Press. 2008.

[71] Fishman M. J. , K. M. Hagerty. Disclosure Decisions by Firms and the

Competition for Price Efficiency [J] The Journal of Finance, 1989, 44 (3).

[72] Fishman M. J. , K. M. Hagerty. Insider Trading and the Efficiency of Stock Prices [J]. The RAND Journal of Economics, 1992, 23 (1).

[73] Foucault T. , L. Fresard. Cross-listing, Investment Sensitivity to Stock price and the Learning Hypothesis [J]. Review of Financial Studies, 2012, 25 (11).

[74] Foucault T. , T. Gehrig. Stock Price Informativeness, Cross-listings and Investment Decisions [J]. Journal of Financial Economics, 2008, 88 (1).

[75] Friedman M. The Case for Flexible Exchange Rates [M]. In Essays in Positive Economics, Chicago: University of Chicago Press, 1953.

[76] Glosten L. , P. Milgrom. Bid, Ask, and Transaction Prices in a Specialist Market with Heterogeneously Informed Traders [J]. Journal of Financial Economics, 1985, 14 (1).

[77] Goldstein I. , et al. The Real Effects of Financial Markets [J]. Financial Economics, 2012, 10 (4).

[78] Greenwood J. , B. D. Smith. Financial Markets in Development and the Development of Financial Markets [J]. Journal of Economic Dynamic and Control, 1997, 21 (1).

[79] Greve H. A. Behavioral Theory of R&D Expenditures and Innovations: Evidence from Shipbuilding [J]. Academy of Management Journal, 2003, 46 (6).

[80] Grossman S. J. , J. E. Stiglitz. On the Impossibility of Informationally Efficient Markets [J]. The American Economic Review, 1980, 70 (3).

[81] Grossman S. J. , O. D. Hart. One Share-one Vote and The Market for Corporate Control [J]. Journal of Financial Economics, 1988, 20 (2).

[82] Grossman S. On the Efficiency of Competitive Stock Markets Where Traders Have Diverse Information [J]. Journal of Finance, 1976 (31).

[83] Gul F. A. , et al. Does Board Gender Diversity Improve the informativeness of Stock Prices? [J]. Journal of Accounting and Economics, 2011, 51 (3).

[84] Gul F. A. , et al. Ownership Concentration, Foreign Shareholding, Audit Quality, and Stock Price Synchronicity: Evidence From China [J]. Journal

of Financial Economics, 2010, 95 (3).

[85] Gurley J. G. , Shaw E. S. Financial Structure and Economic Development [J]. Economic Development and Cultural Change, 1967, 15 (3).

[86] Hayek F. The Use of Knowledge in Society [J]. The American Economic Review, 1945, 35 (4).

[87] Hellwig M. On the Aggregation of Information in Competitive Markets [J]. Journal of Economic Theory, 1980, 22 (3).

[88] Jayaraman S. , T. T. Mibourn. The Role of Stock Liquidity in Executive Compensation [J] The Accounting Review, 2012, 2 (87).

[89] Jensen M. C. Agency Costs of Free Cash Flow, Corporate Finance, and Takeovers [J]. The American Economic Review, 1986, 76 (2).

[90] Jensen M. C. , K. Murphy. Performance Pay and Top-Management Incentives [J]. Journal of Political Economy, 1990, 98 (2).

[91] Jensen M. C. , W. Meckling. Theory of the Firm: Managerial Behavior, Agency Cost and Ownership Structure [J]. Journal of Financial Economics, 1976, 3 (4).

[92] Jin L. , S. C. Myers. R^2 Around the World: New Theory and New Tests [J]. Journal of Financial Economics, 2006, 79 (2).

[93] Kang Q. , Q. Liu. Stock Trading, Information Production, and Executive Incentives [J]. Journal of Corporate Finance, 2008, 14 (4).

[94] Kau J. B. , et al. Do Managers Listen to the Market [J]. Journal of Corporate Finance, 2008, 14 (4).

[95] Khanna N. , et al. Insider Trading, Outside Search, and Resource Allocation: Why Firms and Society May Disagree on Insider Trading Restrictions [J]. Review of Financial Studies, 1994, 7 (3).

[96] Khanna N. , R. Sonti. Value Creating Stock Manipulation: Feedback effect of stock Prices on firm Value [J]. Journal of Financial Markets, 2004, 7 (3).

[97] Kim Y. , M. Kang. Stock Market Liquidity and Short-termism-driven CEO Turnover [C]. 24th Australasian Finance and Banking Conference 2011 Paper, Nanyang Technological Univ, 2011.

[98] Krugman P. A. Model of Innovation, Technology Transfer, and the World Distribution of Income [J]. Journal of Political Economy, 1979, 87 (2).

[99] Kyle A. S. Continuous Auctions and Insider Trading [J]. Econometrica, 1985, 53 (6).

[100] Lehar A. , et al. Using Price Information as An Instrument of Market Discipline in Regulating Bank Risk [J]. Ssrn Electronic Journal, 2011, 20 (4).

[101] Leland H. E. Insider Trading: Should it be Prohibited? [J]. Journal of Political Economy, 1992, 100 (4).

[102] Levine R. Financial Development and Economic Growth: Views and Agenda [J]. Journal of Economic Literature, 1997, 35 (2).

[103] Luo Y. Do Insiders Learn from Outsiders? Evidence from Mergers and Acquisitions [J]. The Journal of Finance , 2005, 60 (4).

[104] Malkiel B. G. , E. F. Fama. Efficient Capital Markets: A Review of Theory and Empirical Work [J]. Journal of Finance, 1970, 25 (2).

[105] McNichols M. F. , S. R. Stubbe. Does Earnings Management Affect Firms'Investment Decisions? [J]. The Accounting Review, 2008, 83 (6).

[106] Morck R. , et al. The Information Content of Stock Markets: Why Do Emerging Markets Have Synchronous Stock Price Movements [J]. Journal of Financial Economics, 2000, 58 (1).

[107] Nordhaus W. D. An Economic Theory of Technological Change [J]. The American Economic Review, 1969, 59 (2).

[108] Ozdenoren E. , K. Yuan. Feedback Effects and Asset Prices [J]. The Journal of Finance, 2008, 63 (4).

[109] Paul J. M. On the Efficient of Stock-based Compensation [J]. Review of Financial Studies, 1992, 5 (3).

[110] Pearce J. , S. Zahra. The Relative Power of CEOs and Boards of Directors: Associations with Corporate Performance [J] . Strategic Management Journal, 1991, 12 (2).

[111] Piotroshi J. , D. T. Roulstone. The Influence of Analysts, Institutional Investors, and Insiders on the Incorporation of Market, Industry, and Frimspecific Information into Stock Prices [J]. Accounting Review, 2004, 79 (4).

[112] Polk C. , P. Sapienza. The Stock Market and Corporate Investment: A Test of Catering Theory [J]. Review of Financial Studies, 2009, 22 (1).

[113] Richardson S. Over-investment of Free Cash flow [J]. Review of Accounting Studies, 2006, 11 (2).

[114] Roll R. "R2" [J]. Journal of Finance, 1988, 43 (3).

[115] Rozeff S., M. Zaman. Overreaction and Insider Trading: Evidence from Growth and Value Portfolios [J]. The Journal of Finance, 1998, 53 (2).

[116] Shleifer A. Inefficient Markets: An Introduction to Behavioral Finance [M]. New York: Oxford University Press, 2000.

[117] Sias R. Volatility and the Institutional Investor [J]. Financial Analysts Journal, 1996, 52 (2).

[118] Sloan R. G. Do Stock Prices Fully Reflect the Information in Accruals and Cash Flows About Future Earnings? [J]. The Accounting Review, 1996 (71): 289 – 315.

[119] Solow R. M. Technical Change and the Aggregate Production Function [J]. The Review of Economics and Statistics, 1957, 39 (3).

[120] Stein J. C. Efficient Capital Markets, Inefficient Firms [J]. Journal of Finance, 1989, 44 (5).

[121] Stein J. C. Rational Capital Budgeting In An Irrational World [J]. The Journal of Business, 1996, 69 (4).

[122] Stiglitz J. E., D. McFadden. Technological Change, Sunk Costs, and Competition [J]. Brookings Papers on Economic Activity, 1987 (3).

[123] Subrahmanyam A., S. Titman. The Going Public Decision and the Development of Financial Markets [J]. Journal of Finance, 1999, 54 (3).

[124] Teoh S. H., et al. Are Accruals During Initial Public Offerings Opportunistic? [J]. Review of Accounting Studies, 1998 (3).

[125] Teoh S. H., et al. Earnings Management and the Underperformance of Seasoned Equity Offerings [J]. Journal of Financial Economics, 1998 (50).

[126] While F. Stock Market Liquidity and Firm Value [J]. Journal of Financial Economics, 2009, 94 (1).

[127] Zappia C. The Notion of Private Information in A Modern Perspective: A Reappraisal of Hayek's Contribution [J]. Journal of the History of Economic Thought, 1996, 3 (1).